お金の流れで見る戦国時代

大村大次郎

PHP文庫

○本表紙図柄＝ロゼッタ・ストーン（大英博物館蔵）
○本表紙デザイン＋紋章＝上田晃郷

はじめに

戦国時代を、超〝現実的〟な視点から覗く！

日本の歴史のなかで戦国時代というのは、歴史マニアの間だけでなく、一般の読者のなかでもとくに人気のある時代である。

好きな歴史上の人物が、この時代に活躍した武将だという人も多いだろう。その人気を裏付けるように、NHKの大河ドラマでも、ほぼ2年に一度の割合で戦国時代が取り上げられ、常に一定の反響を得ているようだ。

そんな戦国時代に、皆さんはどのようなイメージを持っているだろうか。

男たちが己の才覚と腕力を頼みに、「上」へと上り詰めることができた、ロマンのある時代。また、身内同士でさえ殺し合う血なまぐさい争いや、推理小説の作家でさえ舌を巻くような巧妙な騙し合いなど、「戦い」にまつわる部分でのイメージも強いかもしれない。

しかし、戦国時代には、実はもっと面白い見方がある。それは、「お金」「経済」という観点を持ち込んで眺めてみる、というものだ。

これが本書におけるテーマになるのだが、どんなに血なまぐさい戦いであっても、その背景には必ずといっていいほど「お金」が関係している。

言ってみれば、**武将の強さ、そしてその生死には、「才覚」「腕力」だけでなく、「経済感覚」や「経済政策」が大きく影響**しているのだ。

たとえば織田信長は、「兵農分離」で強い常備軍をつくり、鉄砲を大量投入することで、天下に覇を唱えようとした。だが、兵農分離を実行するにも、鉄砲を大量にそろえるにも、必要なものがある。

それは、もちろん「お金」だ。では、尾張の半国の領主に過ぎなかった信長は、どうやってそのお金をつくったのだろうか――？

また、戦国時代の最後の勝利者、徳川家康にしてもそうである。

地味で、我慢強さだけが取り柄のように思われている家康だが、彼が天下を取ることができた要因にも、「お金」が大きく関係している。**家康は「我慢強い」だけではなく、「そろばん勘定にも秀でていた」**のである。

本書は、「お金」を軸にして戦国時代を眺めてみよう、という趣旨のもと展開する。戦国時代を経済面から分析していくと、意外な一面も見えてくるからだ。


「なぜ、信長は桶狭間で大勝できたのか？」

「なぜ、武田信玄はもっと早く信長に対抗しなかったのか？」

「なぜ、明智光秀は謀反を起こしたのか？」

「なぜ、家康は秀吉が恐れるほどの財力を持てたのか？」


などなど……これらの素朴な問いに対し、「お金の流れ」という観点を持ち込むと、定説とはちょっと違う事実・背景が浮かび上がってくる。

本書を読み終えたときには、**戦国時代がもっと立体的に、そして現実的に見えてくる**はずだ。筆者はそう確信している。

大村　大次郎

目次

第2章　桶狭間の戦いは〝経済覇権争い〟だった！

第3章 織田信長の〝錬金術〟を徹底調査

第4章 税金オンチ・武田信玄は〝破綻寸前〟

第5章 軍需物資の〝調達スキル〟が生死を分ける

第6章 〝血と欲望〟にまみれた南蛮貿易の収支決算

第7章 比叡山フィナンシャル・グループ「年利は48～72％です」

第8章 〝集金レジャーランド〟としての安土城

第9章 上杉、毛利、島津……諸大名たちの経済戦略

第10章 「本能寺の変」と「土地改革」の謎

第11章　秀吉は無謀な朝鮮出兵で何を得ようとしたのか？

第12章　家康の〝経済効率のいい〟天下取り

あとがきに代えて

第1章 幕府の〝財政破綻〟から戦国時代の幕が上がる

「お金のない幕府」はお飾りにしかならない

そもそも、戦国時代はどのようにして始まったのだろうか？

戦国時代のきっかけとされる「応仁の乱」は、室町幕府の将軍家の世継ぎ問題に端《たん》を発している。8代将軍足利義政《よしまさ》の次のトップを実子である義尚《よしひさ》にするか、養子の義視《よしみ》にするか、という問題である。

義視は、もともとは義政の腹違いの弟である。幼少期は相続争いを避けるために出家させられていたのだが、義政に子がなかったために、後に義政の養子となったのだ。もちろん将軍候補としてである。だがその後、義政の正室の日野富子が義尚を生んだために相続争いが勃発したのだ。

この相続争いを契機に、東西陣営に分かれての大戦乱となる。これが応仁の乱であり、なおかつ戦国時代を引き起こした要因である——と、教科書的にはそういう説明になる。

しかし、「お金の流れ」という視点から見ると、この見解は少し違ってくる。

応仁の乱というのは単なる「きっかけ」に過ぎない。室町時代後半はいつ戦乱が起きてもおかしくない状況であり、その最初の大きな戦乱が応仁の乱だった、というだけなのである。

室町幕府の財政基盤は非常に脆弱《ぜいじゃく》で、室町時代後半には〝財政破綻〟の状態になっていた。そのため、将軍家の権威は大きく低下していた。

つまり、幕府による〝抑え〟が効かなくなっていたのだ。

将軍の世継ぎ問題にしても、将軍家だけで決定することができず、周囲の家臣や大名たちが口を出してきたことで事が大きくなっていった。つまり、「将軍家の相続争いに有力大名たちが立ち入ってきて、大騒乱に発展」したわけだ。

応仁の乱の東陣営の首領である細川家は、足利家の支流の一つである。

室町幕府の初期から幕府の中枢を占める家柄で、摂津《せっつ》、丹波《たんば》、讃岐《さぬき》、土佐《とさ》の守護を世襲し、一族全体では阿波《あわ》、備中《びっちゅう》、和泉《いずみ》、淡路《あわじ》も治めていた。つまり、近畿、四国一帯で大きな勢力を持っていた。

一方、西陣営の首領である山名氏は、14世紀末に中国地方で11カ国の守護職を務めるなど、強大な勢力を誇っていた。明徳2（1391）年の「明徳の乱」に敗北し、一時的に勢力は衰えるが、その後、復権し、室町時代後半には細川家に匹敵する勢力を持っていた。

細川家にしろ山名家にしろ共通しているのは、将軍家をしのぐ財力、勢力を持っていたということである。将軍家はもはやお飾りに過ぎなかった。政権を担当する能力はなかったのである。

「お金の流れ」から見た場合、これこそが戦国時代が生じた最大の要因なのである。

資金不足で「おいしい日明貿易」もできない幕府

室町幕府は日明貿易を行っていたことが知られているが、これも実は幕府の財政再建のために行われていたものである。

当時の明（中国）は民間貿易を禁止し、国交のある国と「朝貢《ちょうこう》貿易」だけを行っていた。

「朝貢貿易」というのは、中国の皇帝に対して臣下の礼を取る国々が貢物《みつぎもの》を差し出し、皇帝はその返礼の品物を与える、という形式で行われるものである。

この朝貢貿易は、実は臣下の礼を取る国のほうに大きなメリットがあった。中国の皇帝は権威を示すために、貢物の何倍も価値のある返礼をすることになっていたからだ。このため明の財政が悪化し、しばしば貿易が制限されたほどだ。

当時、「明からの輸入品」というのは、それだけでも価値があった。明の品物を日本に持ってくるだけでも価値は何倍にも跳ね上がっていたのだ。それに加え、差し出した物の何倍ものお返しをもらえるのだから、**「朝貢貿易」というのは室町幕**

府にとって、「うまい商売」だったわけだ。

朝貢貿易をするために、室町幕府は明から冊封《さくほう》を受けていた。冊封とは、明の皇帝から「お前をその国の国王にする」という任命を受けることである。つまり、形式の上では明の皇帝の支配に下るということで、もちろんこれは、独立国家としては屈辱的なことである。だから、奈良時代、平安時代の朝廷は交渉をして、「朝貢貿易はするが、冊封は受けない」という状態を保っていた。

だが、室町幕府の3代将軍足利義満《よしみつ》は、そんな日本政庁の意地をかなぐり捨て、あっさり冊封を受けたのである。そのため足利義満は明の皇帝から「日本国王」に任命されている。

室町幕府はそこまでして日明貿易をしたかったわけだが、室町時代後半になると、この日明貿易さえできなくなる。貿易船を準備するための資金が用意できなかったのである。

日明貿易をするには、けっこうな額の資金が必要だったのである。まず、明まで航行できる大型船を用意しなくてはならないし、朝貢品の調達費や船員の給料や食糧費もかかる。永享6(1434)年の遣明船《けんみんせん》の記録では1隻《せき》の経費が、船のチャーター費用３００貫文《かんもん》、船の修理費等が３００貫文、船員の報酬が４００貫文、食糧、薬、水などが５００貫文など、計１５００貫文かかっていた。また、朝貢費がこの数倍かかったので、合計で１万貫文以上の費用になる。これを５隻から10隻程度準備しなくてはならないのだ。これは50万石程度の大名の１年分の年貢《ねんぐ》収入に匹敵する。

その多額の資金を準備できなくなった室町幕府は、日明貿易の権利をバラ売りするようになった。

日明貿易は、勘合符《かんごうふ》による貿易管理が行われていたことで知られる。勘合符を持った正規の貿易船だけが貿易できるという制度だったのだ。そして、この勘合符は、明の皇帝１代につき１００枚が支給された。つまり、明の皇帝１代の中で、１００隻分の日明貿易ができるというわけだ。８代将軍義政の時代になると、この勘合符をバラ売りするようになったのだ。

相場は勘合符１枚当たり３００貫文だった。１隻当たり１万貫の費用がかかったとしても、貿易ができればそれが３万〜４万貫になって戻ってくるはずである。にもかかわらず、その権利をわずか３００貫文で売っていたのだ。

日明貿易は室町幕府の財政を支える重要な財源だったのだが、それさえできなくなっていた。室町幕府の財政がどれだけ逼迫《ひっぱく》していたか、ということである。

「土地の切り売り」が将軍家を衰弱させた

そもそも室町幕府はなぜ、財政破綻に陥《おちい》ったのだろうか？

室町時代というと、金閣寺、銀閣寺といった立派な建築物からも見られるように、豪勢な印象がある。だから、幕府もお金を潤沢に持っていたように思う人が多いかもしれない。

だが、それはまったく違う。**室町幕府は、武家政権の中ではもっとも財政力がなかった政権**なのである。

もともと室町幕府は発足当時から、財政基盤が非常に弱かった。

ご存じのように室町幕府は、鎌倉幕府の崩壊後、後醍醐《ごだいご》天皇の新政に対する反対勢力として発足したものである。後醍醐天皇による南朝政府と、足利尊氏《あしかがたかうじ》の北朝政府が、しばらく並立していた時期もある。これがいわゆる「南北朝時代」であるが、南北朝時代は後醍醐天皇の崩御等により実質10年程度で終焉し、その後は、足利尊氏の室町幕府が政治の実権を握った。だが、この南北朝時代という時期があったことが、室町幕府の財政基盤を大きく弱めることになったのだ。

足利尊氏にとって、後醍醐天皇の崩御後の南朝政権自体はそれほど恐れるものではなかった。だが、足利政権内部でもめごとが起きると、反対勢力になった者が、すぐに下野して南朝に加担する、というようなことが多発した。

そのため**足利政権は政権の存立基盤を安定させるために、将軍家の直轄領を削って家臣を引き付けようとしてきた。その結果、足利家自身の直轄領が少なくなった**のだ。

「直轄領が少ない」ということは、「年貢収入が少ない」というだけの話ではない。

直轄領には、家人、農民も付随している。直轄領が少なければ支配下にある人員が少ない、ということでもあり、「戦争時の動員力も落ちる」わけである。

室町幕府の直轄領は「公方《くぼう》御《ご》料所《りょうしょ》」と言われており、明確な広さはわかっていないが、鎌倉幕府よりはかなり少なかったとみられている。そして直轄領が少ないということは、直属兵が少ないということでもある。直轄領が少なければ養える御家人の数も、必然的に減ってくるからだ。

また、幕府の直属軍が少なければ、相対的に管領《かんりょう》や守護の発言力が強くなる。管領の細川氏や守護の山名氏が、応仁の乱の首領となったのも、そういう経緯によるものだ。

つまり、室町幕府は最初から建てつけが非常に悪い家のようなものだった。ちょっと風が吹いただけで、ガタガタと音を立てて揺れるのである。

土一揆が起こるたび財政が傾く「ひどいシステム」

前述のように足利家には、直轄領が少なかった。では一体どのようにして、政権維持費を賄《まかな》っていたのか？

幕府の大きな収入の柱は、「酒屋土倉役《さかやどそうやく》」だったと見られている。

「酒屋土倉役」というのは、酒屋と土倉に課す税のことである。酒屋というのは造り酒屋のことであり、土倉というのは金貸しのことである。

3代将軍足利義満は、財政を安定させるために明徳4（1393）年、「酒屋土倉を保護する」という名目で、酒屋土倉役という税を徴収することにしたのだ。

「なぜ酒屋に？」と疑問に思う人もいるだろう。たしかに酒屋というと、現在の感覚で言えば、食品小売業の一つの分野に過ぎない。だが、**中世から近世にかけて、酒屋は商業の主役だった**のだ。太古から酒は人々の重要な嗜好品《しこうひん》であり、商業や流通がそれほど発展していない時代から、酒屋だけは産業として成り立っていた。

当時は酒の小売業などはほとんどなく、酒を造る業者がそのまま販売も行っていたので、酒屋といっても造り酒屋のことだ。そして酒造りには大規模な設備や大量の材料が必要であるため、金持ちでなければできないものだった。そのため、「地域で一番富裕な者が、酒屋を営む」ということが多かったのだ。

「金貸し」のほうは当然、金持ちなのはわかるが、「酒屋」のほうも、中世の代表的な金持ち職業だったといえるのだ。

この二つの金持ちに、足利義満は目をつけた。彼らの利権を保護することで、税を吸い上げようとしたのである。

だが、酒屋土倉に頼る財政というのは、非常に危険なものだった。

この当時の土倉というのは、利息が非常に高かったため、庶民の生活を苦しめることになった。土倉は、幕府の後ろ盾を得ているために、平気で高い利息をつけ、無情な取り立てを行った。

もちろん、民衆は反発し、土一揆《つちいっき》が頻発。全国的な土一揆もしばしば起こり、室町幕府はたびたび徳政令を出さざるを得なかった。徳政令というのは、簡単に言えば、借金をチャラにするという命令である。

借金をチャラにしていれば、土一揆は一時的に収まる。だがそうすると、今度は土倉たちが大きなダメージを受け、必然的に土倉が支払う税金も減り、そして室町幕府は大きな打撃を受けることになる。

幕府の財政悪化のため土倉に依存し、そのために土倉が幅を利かす

↓

土倉に苦しめられた民衆が土一揆を起こし社会が混乱する

↓

幕府は仕方なく徳政令を出して土一揆を収束させる
↓
土倉が打撃を受け、税収が減り幕府の財政が悪化する

このような悪循環が繰り返されるようになったのだ。そうして、「財政基盤が弱くなった権力」はどうなるだろうか。当然、権威がなくなってしまう。

「権威のないところに、年貢は集まらない」

幕府は財政基盤が弱く、権威がなくなってしまった。

しかし、それだけでなぜ、100年にも及ぶ戦乱の世に突入してしまったのか？

細川や山名など、将軍をしのぐほどの守護大名は、なぜ室町幕府に代わることができなかったのだろうか？

その答えは、「幕府の権威が落ちると、社会システム全体が機能しなくなる」からだ。室町幕府の権威がなくなり、社会秩序も崩壊してしまったのだ。

室町幕府の権威低下は、有力守護大名たちにとっては「足元を揺るがすこと」だった。というのも、当時の社会システムは、一応、室町幕府のつくった秩序によって機能していたからだ。土地の所有権、支配体系などは、室町幕府の裁定により行われていたのだ。

つまり、幕府の権威が落ちれば、守護大名が存立していた社会基盤さえ危うくなるのである。

わかりやすい例を挙げたい。

応仁の乱が起こった直後から、全国で年貢の未進《みしん》（未納）が多発した。

文明9（1477）年12月10日に記された「大乗院寺社雑事記《だいじょういんじしゃぞうじき》」には、次のように述べられている。

「近江《おうみ》、美濃《みの》、尾張《おわり》、遠江《とうとうみ》、三河《みかわ》、飛驒《ひだ》、能登《のと》、加賀《かが》、越前《えちぜん》、大和《やまと》、河内《かわち》、これらはことごとく皆、御下知《げち》に応ぜず。年貢など一向進上せざる国どもなり」

つまりは、近畿地方やその周辺の主たる国は、年貢に応じなくなったということである。

この「大乗院寺社雑事記」は、大和興福寺の学僧である尋尊《じんそん》が書いたものである。尋尊は、幕府や朝廷の高官たちとも交流があり、当時の政治の内情に通じていた。

そして、この日記には、「日本国は、ことごとくをもって御下知に応ぜざるなり」とも記されている。日本中の国々が、幕府の命令に従わなくなったということである。

また、年貢を納めなくなったのは、「荘園」なども同様である。

京都の祇園社では、文明13（1481）年11月、加賀《かが》国刈野《かるがの》（現石川県かほく市）からの年貢が、何度催促しても納められないという状態が続いていた。そのため、幕府の力を借りて納めさせようとしたが、幕府自体の力が弱まっていたので、なかなかうまくいかなかったようである。

他にも日本全国の荘園で、年貢未進の問題が発生していた。

細川や山名といった有力な守護大名たちにとって、この問題は対岸の火事ではなかった。全国各地で年貢が納められないということは、自身の財政基盤をも危うくするということである。細川氏にしろ、山名氏にしろ、大内氏にしろ、**将軍家をしのぐ経済力を持っていながら、将軍家が没落すれば、彼らも沈没していくことになった。**幕府の権威低下とともに、有力守護大名たちも急速に力を失っていったのである。

幕府の「土地仲裁」機能が停止すると……

室町幕府が権威を失うことで戦国の世が生じた過程をもう少し詳しく見ていきたい。

室町幕府の重要な機能というのは、「土地仲裁」だった。

実は武家のほとんどは正式に国から土地を与えられた者ではない。

平安時代以前、全国の土地の所有者は国家だった。国家が国民に土地を貸し与え、国民は土地の使用料として税を納めていた。各地域の土地（農地）は、中央政府から派遣された「国司《こくし》」や「国衙《こくが》」と呼ばれる役人が管理していた。

だが平安時代の中ごろから、国司が赴任期間を終えても京都に戻らず、その地域

室町幕府が財政破綻に至る過程

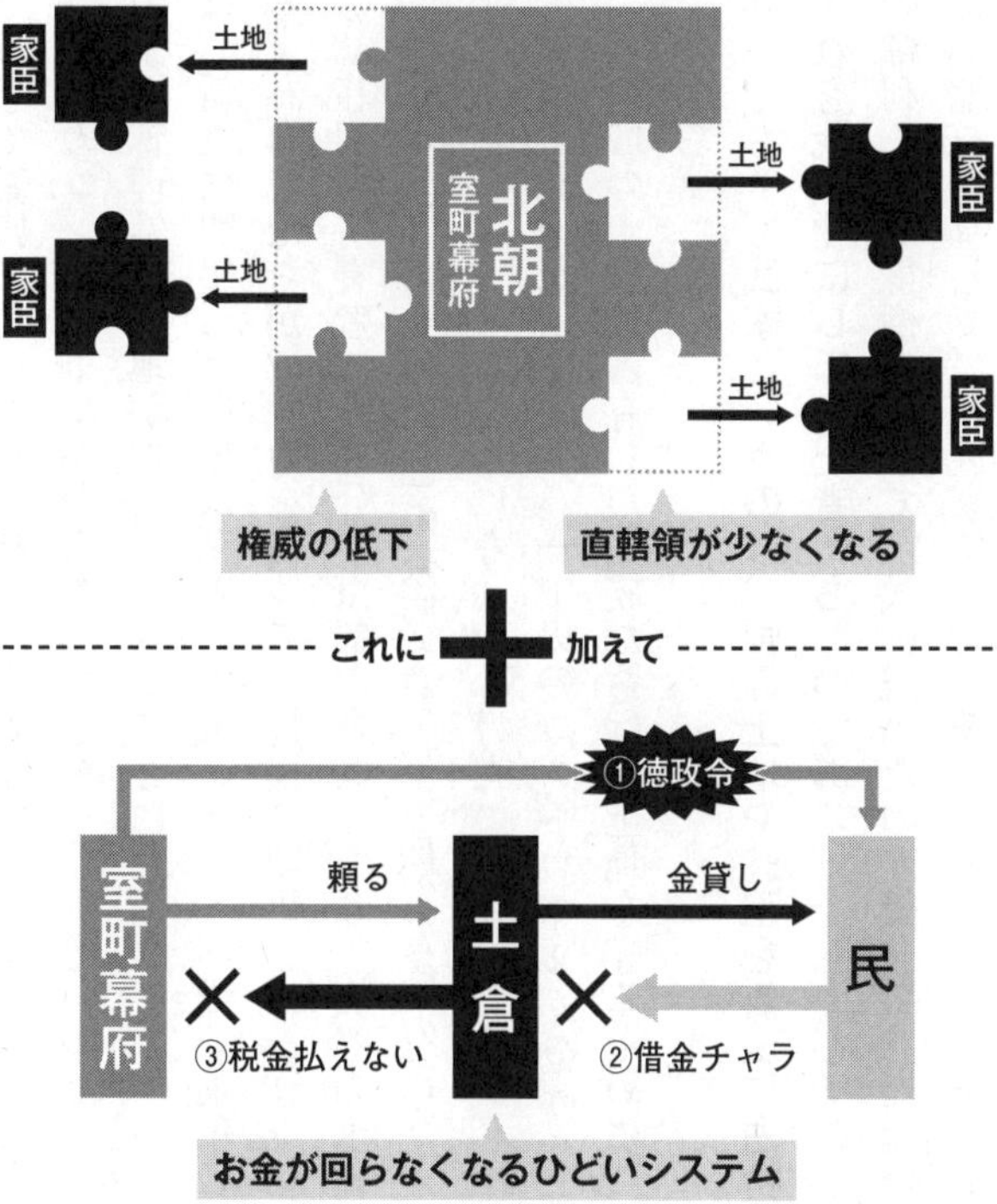

権威と健全な政策がない所にお金は集まってこない

に根を下ろして豪族になったり、その地域の豪族が国司の言うことを聞かなくなったりと、中央のコントロールがだんだん効かなくなっていった。そして、荘園と呼ばれる国家の管理外の土地が拡大していくことになった。

荘園は、新たに開墾した農地は私有してよいという「墾田永年私財法《こんでんえいねんしざいほう》」に端を発している。有力者たちが、財力を使って大規模に開墾し、それを私有化していったのである。荘園の所有者は大部分が京都の貴族であり、実際の土地の管理はその地の豪族に任せていたのだが、この豪族たちが京都の貴族の言うことを聞かなくなり、勝手に土地を占有するようになったわけだ。

国の土地にしろ、荘園にしろ、「中央のコントロールが効かなくなった」のだ。そして、各地域の土地を占有した豪族たちは、土地を守るために武装。それが武士の起源でもある。

つまり、そもそも**武家というのは、国の土地や荘園を無法に占拠し、武装して無理やりそれを我が物にしてきた者たち**なのである。そして、そのように不法に生じた武家の権利を、既得権益として正式に認めたのが鎌倉幕府だったのである。なし崩し的に土地を占有していた武家に対し、その土地の所有権を認めたために、武家の世の中が生まれたのである。

そして室町幕府も、この鎌倉幕府のシステムを踏襲していた。

しかし、武家の土地所有権は、なし崩し的に認められただけであって、細かい所有関係は曖昧《あいまい》なところが多かった。そのためこの時代は「土地の争い」が日常茶飯事だったのだ。

たとえば、室町時代末期の貴族であり関白でもあった九条政基《くじょうまさもと》は、和泉国日根野《ひねの》に荘園を持っていた。だが、現地の守護とたびたび土地領有権で争っていたことを日記に記している。九条政基にとっては「自分の荘園」だが、現地の守護にとっては「自分たちが管轄している土地」だと認識していたのだ。

鎌倉時代から室町時代にかけて、そういう土地争いは絶えなかった。

その**土地争いを仲裁するのが、幕府の重要な役割**でもあった。

鎌倉幕府にしろ、室町幕府にしろ、彼らの存在意義は、「土地の裁定者」だったのだ。多くの武家にとって、自分の土地所有を認めてくれる「裁定者」の存在が必要だった。それがいなければ、常に土地の所有で争っていなければならないからである。

つまり、幕府は、「土地の裁定」をすることが最大の役割であり、幕府がその役割を果たしていたから、武家の世が成り立っていたのである。

幕府の権威が失われる、ということは、土地調整機能も低下するということである。土地の争いが起きても裁定する機関がないので、必然的に力が強い者が土地を所有するようになる。それが、戦国時代の始まりといえるのだ。

第2章

桶狭間の戦いは〝経済覇権争い〟だった！

戦国大名とは何か？——徴税権・警察権・財政権

戦国大名のルーツは、鎌倉時代にさかのぼる。鎌倉時代に設置された「守護」「地頭《じとう》」という役職だ。これらは、そもそもは全国各地の武家の争いなどを調停・監督する立場の人たちだった。

鎌倉時代は全国の農地の多くが荘園となっており、その荘園を実質的に所有しているのは武家だった。守護地頭というのは、その武家たちに対する警察権を持っているに過ぎなかったのである。

だが室町時代になると、守護たちに「段銭《たんせん》」「棟別銭《むねべつせん》」という税の徴税権が与えられるようになる。段銭は田地一段あたりにかかる税のことであり、棟別銭は家屋一間あたりにかかる税のことである。最初は臨時的な税だったが、これが次第に恒久化されていった。また年貢の一部も、守護たちが取るようになっていった。

そのうち、守護が領内の警察権、財政権を握るようになり、領主的な立場になっていったのである。そしてかなり広い地域（国単位など）で「領主」となる者もでてきた。そういう者たちのことを「守護大名」と呼ぶ。

この**「守護大名」が、戦国時代になると「戦国大名」に変革していく**のである。

では、守護大名と戦国大名とは、どう違うのか？

ざっくり言えば「地域に根付いた実質的な支配権を持っているかどうか」ということである。

守護大名と呼ばれる者たちの多くは中央（京都）に居住し、所領地の実際の統治は代官などに任せていた。実際の統治にあたっている代官などが、やがて地元の豪族になっていくことが多かった。そして、戦国時代になると、この代官などが、守護大名にとって代わって、領主の地位につき、領国を支配するケースが相次いだのである。

たとえば、応仁の乱の東軍の大将だった細川勝元《かつもと》（細川京兆家《ほそかわけいちょうけ》）は、摂津、丹波、讃岐、土佐４カ国の守護大名だった。一時は政権を握るほどの隆盛を誇ったが、細川勝元の子の細川政元《まさもと》が暗殺されるなどし、急速に没落。細川京兆家が持っていた４カ国の支配権は、それぞれの地域の有力者の間で争奪されることになった。

つまり**応仁の乱以降、政局が乱れたため、中央による地方のコントロールが効かなくなった**のである。それに乗じて、それまでは代官に過ぎなかったような地方の豪族たちが、戦国大名となっていったのだ。

一方、守護大名と呼ばれる者たちの中にも、自分の領内の統治権をしっかり握っている者はいた。そういう者も、戦国大名となったのである。たとえば、桶狭間《おけはざま》で信長に討たれる今川義元の今川家などである。今川家は、河内源氏の流れを汲む名家であり、室町時代は駿河守護を代々継承していた。戦国時代になっても領内支配を確立し、「戦国大名」となったのである。

毎年、赤字？　戦国大名の〝収支決算〟

ところで、戦国大名というのは、「儲かっていた」のだろうか？

戦国時代の大名の財政史料というのは、あまりない。しかし、その少ない史料の中に、越後《えちご》の長尾家の享禄２（１５２９）年の収支の記録がある。長尾為景《ためかげ》の代の史料であり、その次の代が上杉謙信である。次ページにある、収支決算を見てもらいたい。

史料を見ると収入が５４５７貫に対して、経費が７２９６貫であり、２０００貫近くの赤字になっている。収入の30％を超える赤字ということは相当な「財政悪化」といえる。

長尾家の1年分の収支だけで全体を評価することは難しいが、戦国大名たちの収支状況は、決してよくなかったものと推測される。

戦国大名は、守護大名からなし崩し的に権力を奪って、領主となっているケース

これが「戦国大名の家計簿」！

たとえば「越後の長尾家」の場合

収入の部	年貢（済物《なしもの》も合算）	4770貫553文
	御礼銭	686貫500文
	収入合計	5457貫53文
支出の部	通常経費	4594貫655文
	臨時経費 •御作事：1032貫73文 •御台飯方：290貫400文 •林泉寺僧へ：450貫 •京都へ御礼銭：462貫800文 •所々へ馬御所望につき路銭：63貫 •不明：389貫	2687貫276文
	御礼銭未進分	14貫351文
	支出合計	7296貫282文
	差引（御借銭）	－1839貫229文

戦国時代、「お国の赤字」は常態化していた？

が多いので、法的な徴税権が確立していない。土地の所有関係も曖昧で、徴税関係が複雑になり、**実質的な実入りは、あまり多くはなかった**ことが考えられる。

にもかかわらず、軍費などが非常に多くかかる。だから、長尾家のように赤字が膨らむのである。

では、この赤字分はどうしたのかというと、商人や富農などに借りたものと思われる。戦国大名たちが商人に借金をしたという記録はかなり残っており、返済せずにトラブルになっているようなケースも多々ある。

ここで、「戦国大名なのだから武力にモノを言わせて、商人から金を巻き上げたのではないか」と思われる方もいるかもしれない。

しかし、経済というのはそう単純ではない。

確かに、戦国大名が武力をチラつかせて借金をチャラにしてしまったケースはかなりあっただろう。だが、そういうことをすると、どうなるだろうか。有力な商人たちが去っていき、もう次の借金ができなくなる。だから戦国大名としても、そう簡単に武力にモノを言わせて商人から金を巻き上げることはできないのだ。

そのため**戦国大名は領国を統治していくためには、財政を改善させなければなら**

ない。幕府の権威に頼らずに、独自に税制を整備し、領内の産業を活性化させ、税収を上げなければならないのである。

逆に言えば、それができた領主のみが戦国大名として成り上がっていったのだ。

いち早く財政改善に成功した北条早雲

北条家（後北条家）は、織田信長や武田信玄、上杉謙信と並んで、戦国時代を代表する大大名である。関白となっていた豊臣秀吉が小田原征伐で北条家に攻め込んだとき、北条家の版図《はんと》は250万石近くもあった。版図の大きさだけを見ると、200万石程度だった当時の天下人の秀吉を凌駕《りょうが》していたのだ。

北条家がこれほどの大大名となれたのは、室町時代の領国支配法からいち早く脱皮し、財政を改善させたからである。

この北条家（後北条家）を開いたのは、北条早雲《そううん》である。戦国時代の前半に登場した「これぞ戦国大名」といえるような武将だ。

早雲は室町幕府の要職にいた武家の家に生まれたとされているが、応仁の乱では敗軍側にいたため浪人となっている。姉が今川家6代目当主・今川義忠《よしただ》に嫁いでいたため、それを頼って駿河《するが》（現在の静岡県）の今川家に身を寄せ、その後、今川家の中で出世し、伊豆との国境付近に所領を与えられている。

当時、伊豆には堀越公方《ほりこしくぼう》という室町幕府の重要な機関が置かれていた。関東一帯を管轄する、室町幕府の出先機関だ。早雲は延徳3（1491）年頃、伊豆に討ち入り、この堀越公方を滅ぼしてしまった。

これにより北条早雲は、伊豆を勢力圏とした戦国武将となる。

北条早雲は、その後の戦国大名の手本ともいえる、画期的な領国運営を行った。**複雑になっていた税制を整備し、減税をした**のである。

「北条五代記」によると、北条早雲はそれまで5公5民だった年貢を4公6民に改めている。また、北条早雲が伊豆を制圧したとき、当地では伝染病が流行していた。早雲はこれに対し、京都から薬を取り寄せるなどの対策を講じた。

これらの施策により、北条早雲は領国民たちの心を掴み、治政を安定させた。

早雲亡き後も、「領民に配した政治」は北条家の治世の特徴となった。

後北条家3代目の北条氏康《うじやす》も、天文19（1550）年に大きな減税を行っている。

当時の北条家の領民には年貢（収穫税）や棟別銭（固定資産税）の他に、様々な諸税が課せられていた。これは北条家に限らずどこの大名の領地でも同様であった。前述したように戦国時代の農地は複雑な所有関係になっていたため、税が幾重にも掛けられるような状態になっていたのだ。

その複雑な所有関係を整理し、税を簡素化することは、多くの大名たちの命題でもあった。そうしないと、自分の財政も安定せず、領民も苦しむからである。

北条家は、いち早くこの問題に着手したのである。

北条氏康は、年貢、棟別銭のほかは、段銭とよばれる税だけを払えばいいことにした。しかも段銭は、普通は年貢の10％程度の税であるが、氏康はこれを6％でいいとしたのだ。

これらの税制整理は、多くの戦国大名の手本となった。後に出てくる信長の税制も、北条家の影響を大きく受けているといえる。

また北条氏康は、棟別銭の減税も行っている。

それまで一間あたり50文だったものを、35文にしたのだ。実に30％もの大減税である。これは、飢饉などで疲弊した村々を回復させるためである。

だが、この減税は臨時的な措置だったらしく、弘治元（１５５５）年頃には、正木《まさき》棟別銭という税目をつくった。これは毎年20文だったので、通常の棟別銭と合計すれば、減税前の棟別銭よりも10％高くなった。それでも、「戦争で領民が疲弊したときには減税して、民力を蓄える」というのは、なかなかできるものではない。そうやって北条家は領民の心を掴み、財政をも安定させてきたのである。

ちなみに戦国時代の前半、急激に勢力を広げた北条家だったが、戦国時代後半に入ると武田信玄、上杉謙信、今川義元などの有力な大名と国境を接することになったため、なかなか版図が拡大できなくなった。だがその後、隣接する今川義元が桶狭間で討ち取られ、武田が信長に滅ぼされ、さらに信長が本能寺で倒れるなどの「幸運」が続き、北条家は、関東で急速に版図を拡大した。そして前述したように、秀吉が関白になったころには、日本最大の版図を持つ戦国大名となっていたのである。

豊臣秀吉に最後まで抵抗し続けられたのは、この領国経営あってこそだといえる。

戦国時代は「下剋上の世界」ではなかった？

「戦国時代は、『下剋上』の世界だった」

とよく言われる。上下の区別がなくなり、下の者でも実力と智恵がある者が成り上がっていった、と。

確かに、戦国時代にはそういう面が多々ある。

だが、本当に何の秩序もなく、強い者が上に行った社会かというと、決してそうではない。**生まれもよくわかっていないような身分から有力武将にまで登ったのは、実は豊臣秀吉くらいしかいない**のである。

その他の名だたる戦国武将たちは、ほとんどが〝ある程度の家柄〟の生まれである。そしてその家柄の規模は、その後の国盗競争にかなり影響を与えている。

というのも、やはり生家がある程度の領地を持っていない大名は、自分一代だけでは、なかなか版図を広げられていないのだ。

たとえば、上杉謙信、武田信玄、伊達政宗など、戦国の有力大名のほとんどは、もともと半国の領主以上の家に生まれている。長宗我部《ちょうそかべ》など、それより小さい領主の家に生まれた者は、自分一代でどんなに頑張っても、どうしても国盗競争では後《おく》れを取ることになった。

かの織田信長も、尾張半国の守護代の家に生まれている。しかも、信長の父・織田信秀《のぶひで》はかなりの経済力を持っていたのだ。**信長は一代で織田家を急成長させたと見られがちだが、実は父の遺産を使っている部分が多分にある**のだ。

織田家の経済力は「信長の祖父」の代から凄かった

信長の生まれた織田家は尾張の守護代織田家の傍流だったが、父・信秀の代に、事実上、主家に取り替わっている。この台頭には、経済力が大きくモノを言っていた。

信長の祖父・信定《のぶさだ》は大永年間（1521〜1528年）ごろに津島を支配するよ

うになっていたとみられている。津島は、尾張と伊勢を結ぶ地点にあり、ちょうど西日本と東日本の中間に位置していた。木曽川の支流・大川と天王川の合流点でもあり、尾張、美濃地方への玄関口でもあった。つまりは、当時の日本の物流の一大拠点だったわけだ。津島はそのために中世以降、急速に発展していった。

連歌《れんが》師の宗長《そうちょう》（1448〜1532年）は、織田信定から津島に招かれたときのことを次のように書き残している。

はしの本《もと》より、舟十余艘《そう》かざりて、若衆法師誘引。此河づらの里々数をしらず。（『宗長記』）

津島には多数の船がつながれており、その周辺には数えきれないほどの集落がある、ということである。かなり賑わっている様子がうかがえる。

津島だけではない。尾張の国自体が日本でも有数の商工業地域だった。特に陶器の生産は有名で、尾張と美濃地区で当時の日本の陶器の6割のシェアを占めていたのだ。

尾張には瀬戸焼で有名な「瀬戸」という地域があった。現在でも陶器のことを「瀬戸物」と言うことがあるが、瀬戸物というのは本来は瀬戸焼のことである。つまり瀬戸焼は陶器の代名詞となったほど、普及していたのだ。

また信長の父・信秀の代には知多《ちた》半島も支配下においた。この知多半島も実は、当時の日本経済において重要な地域のひとつだったのだ。

日本有数の〝商工業地〟だった尾張・知多

知多半島は常滑焼《とこなめやき》の生産地だった。常滑焼もまた全国に知られた陶器である。この地の窯《よう》業は、12世紀ごろから盛んになったとされ、知多半島製の土器は全国各地で発見されている。本州、九州、四国にいたる多くの中世の古墳群から、12～13世紀に知多半島で製造された土器が発見されている。有名なところでは、岩手県平泉町の柳之御所《やなぎのごしょ》遺跡、神奈川県鎌倉市の鎌倉遺跡、福岡県福岡市の博多遺跡群などがある。これらの遺跡からは甕《かめ》などの貯蔵具のほか、食器類なども発見されている。

中世の遺跡から知多半島の土器が発見されていないのは、本州、九州、四国の中ではわずか2〜3県である。つまり、中世から知多半島の土器は、日本全国に流通していたのである。**知多半島は、中世から日本最大の土器生産地域であり、もっといえば中世では日本有数の工業地帯だった**わけだ。

そして知多半島は、成岩《ならわ》、豊浜などの塩田地域があり、塩の重要な生産地でもあった。

現在、名古屋地域に「名エン」という大手製塩会社があるが、この「名エン」は信長の時代以前から塩田を興していたとされている。知多半島の成岩、青木村の清兵衛という人物が、最初に塩田を興したとされ、天文23（1554）年、信長が清《きよ》須《す》城を本拠としたときには、城下町内に問屋を構えた。扱うのは塩だけでなく、米、廻船《かいせん》、不動産など多岐にわたった。江戸時代は「知多屋」と名乗り、尾張を代表する大商人になっており、それが現在まで続いているのである。

また、知多半島は揖斐《いび》川を通じて美濃、飛騨にいたる流通拠点でもあったため、大商人も多かった。たとえば**江戸時代の遊郭《ゆうかく》・吉原の経営は、南知多の人々が担っていた**のである。遊郭経営は当然のことながら、莫大な資本力が必要である。吉原の経営ができるくらい、知多の商人たちは資産を持っていたということだ。明暦3

（1657）年の大火後につくられた新吉原では、20軒の揚屋《あげや》のうち、13軒が知多郡須佐村出身者の経営だったという。

とにもかくにも、この知多を治めることには、相当な経済的価値があったわけだ。

もちろん織田家は信秀の代からかなりの財力を持っていた。信秀は伊勢神宮の外《げ》宮《くう》の移築の際、その資金700貫目を提供している。また朝廷に参内したときには、禁裏修理料として4000貫目を寄付している。4000貫目というのは4万石の大名の1年分の年貢収入に相当する。信秀のこの経済力は、美濃を攻略したころの信長の経済力にも匹敵するといえる。

4000貫目という額の大きさは、子・信長と比較してもよくわかる。永禄11（1568）年、信長が足利義昭《よしあき》を援護して上洛したときに、信長が足利義昭に献上したのは銅銭1000貫目（ほかに太刀、よろい、武具、馬など）である。この時の信長の版図は信秀時代よりもはるかに大きいが、拠出したのはわずか1000貫目なのである。父・信秀が出した4000貫目がいかに大きいものかわかるだろう。

桶狭間の戦いは「知多半島の覇権争い」だった

かの**桶狭間の戦いも、実は、「知多半島を巡る勢力争い」**だった。

「桶狭間の戦い」が起こったきっかけから振り返ってみよう。

以前の通説では、今川義元が上洛して天下に号令をかけるために、尾張に侵入してきたところを信長が迎え撃った、ということになっていた。

しかし近年の研究では、これは否定されつつある。今川義元はこの出撃に際し、それほど準備はしておらず、上洛する意図があったとは考えられない、ということである。では、なぜ今川義元は尾張に侵攻してきたのか？　端的に言えば、今川義元は知多半島が欲しかったのである。桶狭間は、知多半島の付け根の部分に位置する。

知多半島を巡る今川と織田の攻防戦は、実は信長の代に始まったものではない。父・信秀の代から知多半島やその周辺地域を巡って、今川家と小競り合いを繰り返してきていたのだ。

たとえば天文11（1542）年と天文17（1548）年の二度にわたって、今川義元との間で岡崎郊外の小豆坂《あずきざか》で「小豆坂の戦い」があった（一度目はなかったという説もある）。また、信秀は今川への対策のため、天文17（1548）年に居城を古渡《ふるわたり》から末盛《すえもり》に移している。織田信秀にとって今川義元が最大の仮想敵だったことは間違いない。

それが、信長にも引き継がれたのである。

天文23（1554）年1月、桶狭間の前哨戦ともいえる戦いが、起こっている。「村木砦の戦い」といわれるものである。

当時、今川義元は三河岡崎城から尾張を狙っていた。そのためには、まず要衝の地である知多半島を制圧したい。しかし知多半島の緒川《おがわ》城には、信長と通じていた水野信元《みずののぶもと》がいた。そこで今川義元は、緒川城の北の村木というところに付け城（攻撃する予定の敵城に対して築く城）を築いた。

これを見た信長は緒川城の救援に赴く。当時の織田家は内部分裂により、那古野《なごや》側と清須側に分かれて内戦状態にあった。そのため信長は義父である斎藤道三《どうさん》に那古野城の留守居を頼み、自分は緒川に出陣したのだ。

両軍多大な死傷者を出しながらも、信長軍は鉄砲を効果的に用いて、村木砦の堀や塀を突破。砦の兵を降伏させて信長の勝利に終わった。

この時点、すなわち桶狭間の６年前にも、信長は一度、今川軍を破っていたということである。そして、今川義元との知多半島をめぐる抗争の最終決戦が「桶狭間の戦い」だったといえるのだ。

これが桶狭間の本質！

今川軍に一度勝利した後、信長が知多半島を支配する上で、致命的なことが起きた。

知多半島の付け根にあたる鳴海《なるみ》城と大高《おおだか》城が、調略《ちょうりゃく》によって今川に取られてしまったのである。

尾張から見れば鳴海城と大高城は、知多半島への〝通用門〟のような位置にあたる城だ。ここを押さえられてしまったため、尾張本国と知多半島は、今川によって分断される形になったのだ。今川側から見れば、鳴海城、大高城は、〝敵中に打ち込んだ杭〟だ。

信長としては、鳴海城、大高城をなんとかして取り戻したい。そのため鳴海城の付け城として丹下《たんげ》・善照寺《ぜんしょうじ》・中島の三つの砦を、大高城の付け城として鷲津《わしづ》・丸根《まるね》の二つの砦を築いた。

今川側とすれば、この付け城により、鳴海城、大高城は孤立することになった。二つの城は、補給路も途絶えており、このままでは信長に陥落させられてしまう。「鳴海城、大高城の周囲につくられた砦を取り除き、鳴海城、大高城を救援する」それが**桶狭間の戦いにおける今川軍の最大の目的**だったといえる。

事実、先鋒の松平元康《まつだいらもとやす》（徳川家康）は、戦地に到着するやいなや大高城に兵糧を運び入れている。より敵地に近い大高城を救援することが、今川軍の第一目標だったといえるだろう。

そして今川軍が敗れたのも、この大高城がポイントだと思われる。今川陣営は、織田側が反撃するとすれば、この大高城を中心とした地域だろうと踏んでいた。つまり、大高城を主戦場だと見ていたのだ。

ところが、信長は、大高城をスルーしていきなり本陣を衝《つ》いたのである。

ここに桶狭間の本質があるのだ。

信長の勝利を裏付けた「経済力」とは？

信長が、なぜ桶狭間で勝つことができたのか？　その最大の要因は、〝経済力〟にあるのではないか、と筆者は思う。

もちろん版図自体は、今川家のほうが信長よりもはるかに大きかった。しかし、**信長は版図以外の部分で財力を蓄え、独自の軍備をしていた**のではないか、ということである。

桶狭間の戦いの検証において、あまり顧みられることがないのだが、実は桶狭間という地域は、信長の居城「清須城」からかなり離れたところにある。直線距離にして20キロ以上もあるのだ。

また清須城と桶狭間の間には、鳴海城、大高城という今川方の城があるので、迂回しなければならない。それを考えると少なく見積もっても40～50キロはあっただろう。

信長軍は、永禄3（1560）年5月19日の早朝、清須城を出発し、その昼過ぎには桶狭間にいた今川本陣を急襲している。つまり、40〜50キロの距離をわずか半日で踏破しているのである。**秀吉の「中国大返し」以上の超強行軍**といえる。

この驚異的な機動力が、桶狭間における最大の勝因ではないか、ということである。

今川義元から見れば、桶狭間にあった今川本陣は清須城からは遠く離れているし、その間には鳴海城、大高城という今川方の城がある。「信長軍の本隊が、本陣に直接攻め込んでくるなどということは、夢にも思わない」ような距離感、位置関係なのである。常識的に考えても、信長軍が突然、本陣を衝くことなどあり得ない。

こんな場所に陣取っていれば、今川義元でなくても油断するはずである。のんびり弁当を食べて、謡《うた》をうたっていたとしても、仕方がない。

しかも今川義元の本陣は、殿軍《でんぐん》（軍の一番後ろ）に近い位置にあったとされる。だから信長は今川軍の背後から衝いたということだ。今川義元にしてみれば信長軍は急に「背後から湧き出てきた」というような状態だったはずだ。今川義元が油断

「桶狭間の真実」を見てみよう

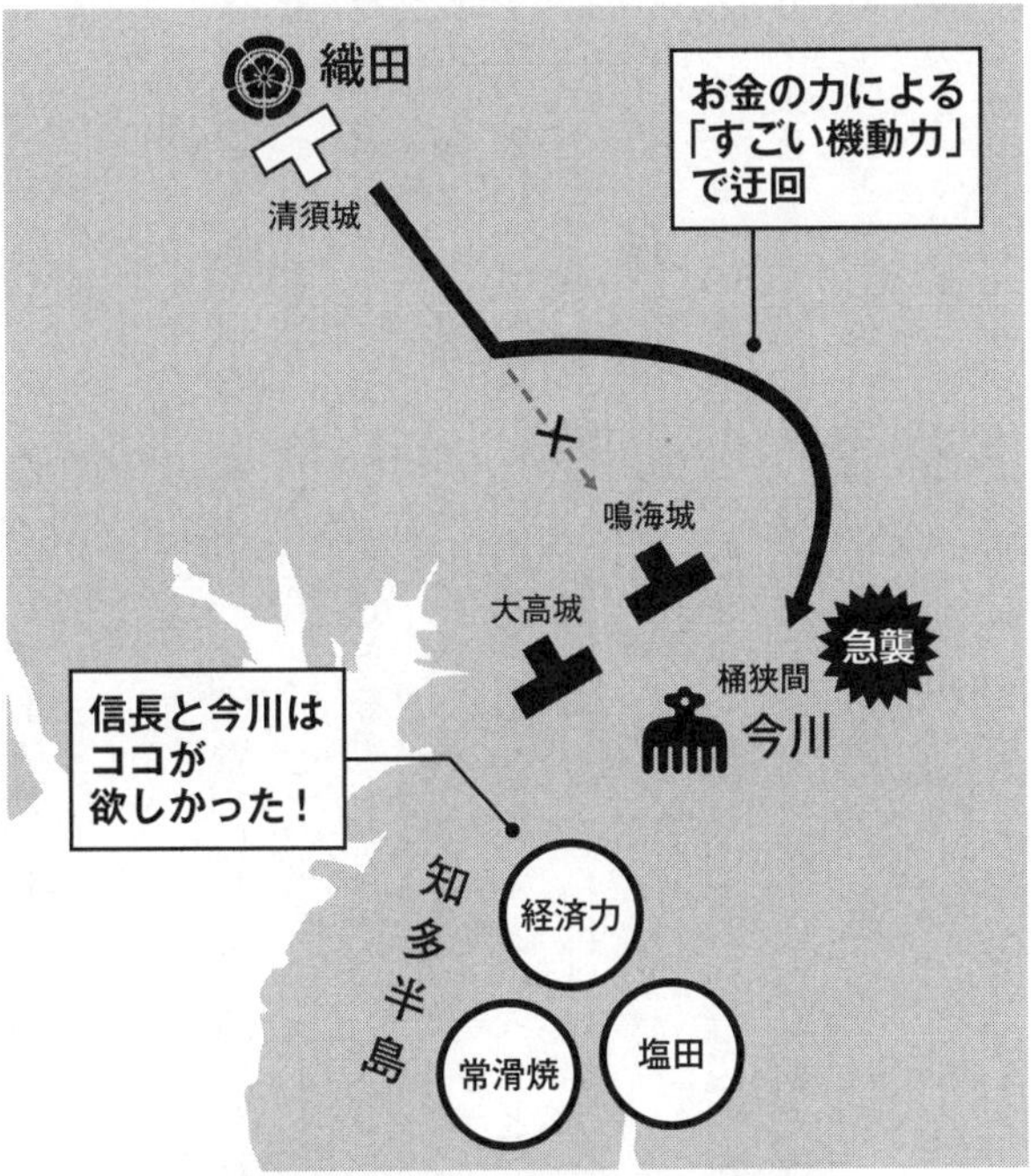

常備兵による圧倒的な機動力で
今川義元の本陣を“急襲”した！

しすぎていたわけではない。信長軍の機動力が、尋常ではなかったということである。

では、この「尋常ではない機動力」は、いかにして生み出されたのか？

ここでひとつの考えにいたる。「信長は、この当時からすでに強力な常備軍を持っていたのではないか」ということである。

戦国時代の兵は、「常備兵」ではなく、大半が「農民兵」だった。なぜなら、兵農分離をするということは、専門の兵士を雇用するということであり、それには相当の経済力が必要だからである。信長軍にしても「兵農分離がされたのは晩年のことであり、当初は農民兵が主体だった」と考えられてきた。

しかし、桶狭間での信長軍の行動を見た場合、それでは説明がつかない。領内から三々五々集まってくるような農民兵には、このような機動力はないからだ。

つまり、このとき信長は強力な「精鋭常備兵」を持っていて、それを投入したのではないか、ということである。

信長の精鋭部隊は「給料制の常備兵」

信長は、側近くに仕える近臣の「小姓衆《こしょうしゅう》」のうち、特に武勇の優れた者を赤母《あかほ》衣衆《ろしゅう》、黒母衣衆《くろほろしゅう》として選抜していた。これらは、織田軍の若手将校のような役割を果たしていた。しかも、信長の小姓衆は、かなりの人数がいたようだ。

天文23（１５５４）年の知多地域での戦いに関して、「信長公記《しんちょうこうき》」には次のような記述がある。

「小姓衆歴々その員を知らず手負、死人目も当てられぬ有様也」

つまり、この戦いで小姓衆が数知れぬほど死傷したというわけである。数知れぬほど死傷したということは、それ以上に小姓衆の人数がいたということだ。数百人はくだらないと思われる。もしかしたら千人の単位でいたのではないだろうか。桶狭間の戦いでも、この小姓衆が戦場で重要な働きをしていただろうことは、疑いのないところである。

信長軍には小姓衆のほかにも、槍の者、弓衆、鉄砲衆という旗本部隊があった。

この弓衆、鉄砲衆も、詳細はわかっていないが、かなりの人数がいたのではないかと推測される。天文22(1553)年、義父の斎藤道三と対面したとき、信長は、お供衆700〜800人、三間半の長槍を持った「槍の者」500人、「弓、鉄砲の者」500人を従えていたという。健脚の足軽が先導し、朱槍《しゆやり》の者、弓、鉄砲の者という順に、整然と行軍している様子が「信長公記」に記されている。十分に訓練されていることが窺《うかが》え、一時的な寄せ集めの兵ではないといえる。斎藤道三はこの兵たちと信長の態度を見て、「信長は、うつけ者などではない。自分の子どもたちは、信長の配下になるだろう」と感想を述べている。

つまり信長は斎藤道三に対面した時点で、すでに1700〜1800人の直属部隊を持っていたことになる。天文22(1553)年というと、桶狭間の7年も前のことである。当然、桶狭間のときには、直属軍の人数は増えていたはずだ。おそらく2000や3000は超えていたかもしれない。

いずれにせよ、この小姓衆、馬廻衆《うままわり》、弓衆、鉄砲衆は信長の居城近くに住んでおり、号令一つでいつでも戦いに参加できる状態だった。

信長が桶狭間の戦いのときにすでにかなりの常備兵を揃えていたことは、当時の居城である清須城からも窺い知ることができる。この清須城は、現在、発掘が進められているが、今まで考えられていたよりも、はるかに巨大な城だったらしいことがわかってきている。

信長の居城当時からすでに、一辺200メートルにもおよぶ可能性がある巨大な館城《やかたじろ》があったことがわかったのだ。なんと東京ドームに匹敵するほどの面積だ。しかも、その館城の南北には30～50メートル四方の建物がいくつも建てられていて、巨大な建物群をなしていたようなのである。

そして城下町には、家臣団の屋敷地が幹線道路沿いに展開し、不完全ながら家臣団の集住化が進んでいた。つまり、信長の「兵農分離」は、清須城の時代にはすでに、相当進んでいたと思われるのだ。

もちろん**兵農分離を進め、強い常備軍をつくるには、それなりの経費がかかる。**

農民兼任ではない専従の兵士を雇用するということは、彼らにその分の知行《ちぎょう》（給料）を与えなければならない。

中世において兵士と農民の区分ができていなかったのは、領主（大名など）たちに職業的な兵士を雇えるほどの経済力がなかったからである。いわば兵士を正社員として雇う金がなかったので、パート雇用にしていたわけである。

兵士たちから見れば戦争は〝副業〟であり、基本的には〝本業〟の農業で生計を立て、戦争があったときには参加し、それなりの報酬や褒美をプラスアルファでもらうという感覚である。

しかし、専業の兵の場合は、戦争があってもなくても、知行（給料）を払わなければならない。つまり兵農分離をするためには、領主（大名など）に常用兵士を雇うだけの経済力がなければならないということである。

信長に兵農分離が可能だったのは、それだけの経済力があったということである。つまり、信長は、経済力によって桶狭間に勝ったともいえるのだ。

当時はこんな〝イメージ戦略〟も大事だった

ところで桶狭間の戦いは、これまでの通説では、

「今川軍4万5000人対して、織田軍はわずか2000人で立ち向かい、大将の

首をあげる大勝利を収めた」

ということになっていた。これは「信長公記」に記されていることである。ただ、この数字については、今川軍の数字が大きすぎ、織田軍の数字が小さすぎるのではないか、と昔から言われていた。実際はどうだったのだろうか。

「信長公記」は、信長関係の資料の中では比較的、信頼のおける文献だとされている。だが、戦闘人数などについては、当時から明確なデータがあったはずはなく、著者の太田牛一《おおたぎゅういち》が伝聞などで知りえた情報に過ぎない。だから、データがすべて正確だとは必ずしもいえないはずだ。

そもそも今川義元は、遠江、駿河、三河を領していたとはいえ、三国ともそれほど大きな国ではない。

豊臣秀吉の検地結果である「慶長3年検地目録」によると、遠江25万5０００石、駿河15万石、三河29万石であり、全部合わせても70万石弱しかない。太閤検地は、桶狭間から30年以上経過してから行われているものなので、桶狭間の時代は、これよりさらに少なかったといえる。

この「慶長3年検地目録」では、尾張は57万石である。当時は、今川義元は尾張を信長と取り合っていたので、義元にその分の若干の上乗せがあるとしても、100万石にはかなり足りないだろう。

一方、信長は、前述してきたように尾張の石高以上に、経済力があったとみられる。津島港などからの収入は相当なものだったと考えられ、版図以上の動員力があったはずである。織田家の動員力は、1万人近くはあったのではないだろうか。

「桶狭間作戦」自体に参加した兵士は3000人くらいだったかもしれないが、各砦に配置された人数、清須城に詰めていた人数など、「対今川戦争」の全戦線に投入された兵力は最低でも5000人以上はいたとも見込まれる。現実的には、だいたい1万人近くは動員されたのではないか、ということだ。

つまり、**今川軍と織田軍は、2万対1万くらいの戦力差しかなかった**ものと思われるのだ。

また、今川軍は何隊にも分かれて行軍してきており、一隊あたりの人数はだいたい3000～4000人程度だったと考えられる。今川本陣の人数も、多く見積もっても5000人程度であり、普通に考えれば3000～4000人程度だろう。

だから信長軍が桶狭間を襲ったときには、20000～30000人の信長軍が、3

000〜40000人の今川本陣を不意打ちしたということになる。

ではなぜ、「信長公記」などには、今川軍の兵力が過大に表記されているのか？

それはもちろん、信長側にとっては**大きな敵を少人数でやっつけたというほうが、世間的に聞こえがいい**からだろう。

実は、「織田方が話を盛っている」ということは、当時でも噂《うわさ》になっていた。武田信玄と勝頼《かつより》の生涯を描いた「甲陽軍鑑《こうようぐんかん》」には、桶狭間の戦いのことがこう記されている。

「総じて信長の家中では合戦をめぐっての嘘が多い。というには、今川義元に勝ったときも今川家の軍勢六万に勝ったという。しかし、合戦があってから時がたっているとはいえ、よく考えてほしい。三河・遠江・駿河三箇国でどうして軍勢が六万もあろうか。この三箇国はどれも小国であるから、多く見積ってもぎりぎり二万四千の軍勢である。ありのままにいえばなおさら武功であるのに、いらざる嘘をいうから桶狭間の合戦のような類まれな、真の武功までも浅薄に聞こえるのである」（『甲陽軍鑑』佐藤正英校訂・訳 ちくま学芸文庫）。

これによると信長陣営は、今川軍のことを6万人の軍勢と言っていたらしい。当時でも、イメージ戦略というのは大事だったようで、「大勢の敵を少人数で打ち破った」というような「盛った話」はけっこうあったのだ。

もちろん、織田軍1万人、今川軍2万人であっても、織田方が倍する敵と戦って勝利したことは確かであり、信長軍の武勲《ぶくん》は大きいものがあるといえる。

第3章

織田信長の〝錬金術〟を徹底調査

驚くほど〝善政〟を敷いていた信長

信長というと、比叡山《ひえいざん》の焼き討ちや、義弟の浅井長政《あざいながまさ》の頭蓋骨で酒を飲んだといった話から、残虐で気性が激しい印象が強い。

そんな信長だが、実際はどういう治政を行っていたのだろうか？

おそらく、「民に厳しい領主」だったように思っている人も多いだろう。だが、案に反して、**信長は領民に対して驚くほどの善政を敷いていた**ようなのである。

とはいえこれは、よく考えれば納得がいくはずである。

信長は尾張半国を出発点として、瞬く間に領土を拡大していった。もし領内の統治がうまくいってなければ、なかなか他国に兵を進めることはできない。つまり、信長の領内統治は、非常にうまくいっていたのである。

逆に言えば、領内統治がうまくいっていたからこそ、信長はあれほど急速に、広範囲に兵を進めることができたのだ。もし領民が反抗して一揆が頻発したり、年貢がきちんと納められなかったりすれば、信長は他国に攻め入ることはできなかったはずである。

信長が武田領に攻め込んだとき、武田領の領民は自ら村に火を放つなどして、武田軍の邪魔をし、信長の侵攻を喜んだとも言われている。武田領内では財政悪化のため、過酷な税徴収が行われていたからである。

信長の治政がよくわかる資料があるので紹介したい。

天正10（1582）年3月、信長が新たに手に入れた甲斐《かい》、信濃を、河尻秀隆《かわじりひでたか》や森勝蔵（長可《ながよし》）、森蘭丸《らんまる》らに与えたときに発した命令書である。

一、関役所、駒の口（馬や荷駄をチェックする場所）において税を課してはならない。
一、百姓前（農民）からは本年貢以外は過分な税を徴収してはならない。
一、（地侍などに対して）忠節をつくす者を取り立てるほかは、相変わらず抵抗する侍は自害させ、あるいは追放しなければならない。
一、訴訟に関しては、よくよく念を入れて糾明し、解決しなければならない。
一、国侍たちに対しては丁重に取り扱うべきであるが、そうはいっても油断のないように気をつかうべきである。
一、支配者が一人で欲張るために諸人が不満に思うのであるから、所領を引き継ぐ際には、これをみなに分かち与え、また分に応じて家臣をめし抱えること。
一、本国（美濃・尾張など）の者で奉公を望む者があったら、よく身元をたしかめ、その者を以前抱えていた主家へ届け、その上で使用すること。
一、各城とも普請《ふしん》は堅固にすること。
一、鉄砲、弾丸、兵糧を蓄えておくこと。
一、各自が支配する所領単位で、責任をもって道路の普請をすること。
一、所領の境界が入り組んで、少しく領有問題の争論となっても、たがいに憎しみを持ってはならない。

この法令を見ればわかるように、信長が領民に対して非常にきめの細かい配慮をしていたことがわかる。

抵抗する武士には「自害させるか追放しろ」と厳しい姿勢で臨んでいるのに対し、農民に対しては「本年貢以外は過分な税を徴収してはならない」としている。

また、「訴訟に関しては、よくよく念を入れて糾明し、解決しなければならない」や「支配者が欲張ってはならない」と戒めるなど、まるで領主のための教科書のようだ。

いずれにせよ信長は、お手本になるような立派な治政を行っていたのである。

“中間搾取”が少なくなる大減税を決行！

信長の善政を具体的に紹介するならば、まず挙げられるのは大減税だろう。

信長は税のシステムを簡略にして、中間搾取《さくしゅ》を極力減らし、農民の負担を大幅に

軽減したのである。戦国時代の農民には複雑で重い税がかけられていたが、それを減じたのだ。

戦国時代は、領地などの権利関係が非常に曖昧だった。もともと荘園だったものが武家に取られたり、寺社に取られたりすることは日常茶飯事だった。

領地の境界付近にいる農民は、隣り合う両方の領主に二重に年貢を納めている場合もあった。

また、所有者が明確になっている領地でも、代官の力が強いところは、代官が年貢のほとんどを持っていくこともあった。そして本来の領主のほうも、年貢を請求してくる。そうなると、どういうことが起きるか？　本来の荘園領主と、荘官や地頭が「二重」に税を取るような事態になるのだ。

この年貢の二重取り（二重成《ふたえなし》）は、『戦国の村の日々』（水藤真著・東京堂出版）によると、記録に残っているものだけでも40件が確認できるという。そして、その記録は応仁の乱直前から、戦国時代終焉までの間に限られるのである。

つまり、「二重成」とは、戦国時代だけに起きた農民の災禍だったのである。また、「二重」にまではいたらなくても、税の仕組みが複雑になったために、農民が余計な税負担を強いられることは多々あったのだ。

それはつまり、「中間搾取が増えていった」ということである。

農民は荘官に年貢を払うだけでなく、守護にも「段銭」という形で税を取られるようになった。また新興勢力である「加地子《かじし》名主」に対しても、事実上の年貢を納めなくてはならなくなっていた。

「加地子名主」というのは、もともとは農民だった者が力をつけて地主のような存在になった者のことである。「加地子」というのは、年貢を納めた後、農民の手元に残る収穫物の一部のことである。これが売買されるようになり、やがて加地子を得る権利である「加地子権」までが売買されるようになる。生活に困った農民が収穫物の権利を手放していき、それを入手していった農民が地主のようになっていったわけだ。

信長はこの難題を解決するために、領地内にある様々な権益を整理し、徴税制度を極力単純化した。それが農民にとって、実質的な大減税になったのだ。

町村収奪を厳禁した「軍規の厳しさ」

信長はこれ以外にも農民・町民に対する様々な負担を軽減した。

その最たるものが、「防御御札」である。

防御御札というのは、予定戦場の住民が軍に一定の寄付をし、兵士たちがその地域を荒らさないようにしてもらうためのものである。戦国時代などでは、戦場での乱暴狼藉は当たり前に行われていた。これは「乱捕り」と呼ばれ、まだ刈り取られていない稲を収奪したり、村々の家を襲い財を略奪したり、人を生け捕りにしたりもするのだ。

しかも戦いのときには、火を放ったり建物を壊したりすることもある。だから、地域の人々にとって、戦争は頭痛の種だった。というより、軍が来るだけでも大迷惑だった。自衛のための砦のようなものを築いている村も少なくなかったくらいだ。

信長の軍は、そういう住民たちの不安を払しょくした。信長は軍に対して、防御御札を立てている地域で狼藉をすることを厳重に禁止していたのだ。

たとえば、永禄12（1569）年、信長が京都に将軍義昭の邸宅を築営しているとき、信長軍の兵士の一人が見物人の女性のかぶり物を上げて顔を見ようとしたことがあった。それを見た信長は、その場で兵士を一刀両断に切り捨てたという。

また「信長公記」にも、「軍勢が京都に入ったら不届きな者が出るかもしれないと信長は考え、京都の内外の警備を命じたので、乱暴狼藉は起こらなかった」という記述がある。

この「防御御札」は実は、信長の戦費獲得の手段でもあった。

たとえば永禄11（1568）年、信長が足利義昭を擁して上洛した際、奈良では1000貫目の「判銭《はんせん》」が徴収されたと記録に残っている（「多聞院《たもんいん》日記」）。また堺には、入京の際、2万貫文もの「矢銭《やせん》」（戦争税）を要求している。2万貫文というと、5万石の大名の年間収入に匹敵するくらいの額である。

その代わり信長は「矢銭」や「判銭」を払わない町に対しては、実際に攻撃を加えたこともある。たとえば尼崎は矢銭を払わなかったために、信長軍が攻撃し四町の間をことごとく放火されている。また京都の上京も焼き討ちされたことがある。フロイスの「日本史」にも、「主要な寺院、堺のような大きな町では、朱印と呼ばれる信長の允許状《いんきょ》をもらわないと、安全が保証されない」と記されている。

信長の「防御御札」はともあれ、村人、町人にとってもありがたい制度だった。というのも、他の軍勢も防御御札を頼めば発行してくれたが、現場の部隊が随意で発行していたため、町民、村民としては誰に頼めばいいかわからない状態になっていたからである。そして、各部隊から二重、三重に矢銭を徴収されたりしたのである。

しかし、信長の「防御御札」にはそういうことはなかった。一旦、信長に「防御御札」を発行してもらえば、それ以外、現場の部隊には矢銭を払う必要はなかった。信長の防御御札が貼ってある場所では、各部隊が矢銭を取ることは厳禁されていたからである。

こういう厳しい軍規を守っていたからこそ、信長は有利に戦争を進めることができたのである。

“流通革命＋価格破壊”を起こした楽市楽座

信長の経済政策というと「楽市楽座」を思い浮かべる人が多いだろう。

ただ、楽市楽座については、信長が最初につくったものではないので、信長の功績ではない、という指摘をする歴史家も多い。

確かに、楽市楽座は信長が始めたものではない。戦国時代、一部の大名の中で行われていた施策であり、だれが最初に始めたのかはわかっていない。記録の上では、天文18（1549）年、近江の六角義賢《ろっかくよしかた》が観音寺城下で行ったものがもっとも古いが、本願寺なども似たようなことをしていたという記録もある。

ただ、だからといって信長の功績が損なわれるわけではない。楽市楽座を大々的に行ったのは信長がやはり最初であり、それは日本の商業を大きく発展させたからである。

楽市楽座は信長が「城下を繁栄させるために、無税にして商人を呼び寄せた政策」として見られることが多い。だが楽市楽座は、「信長の城下町を繁栄させた」

だけのものではない。実は「日本の流通に大きな影響を与えた」ものなのである。大げさに言えば、**価格破壊を引き起こし、流通革命にまで発展した**のである。

楽市楽座によって生まれた新しい「市」や「座」は、既存の市や座よりも、競争力があった。簡単にいえば、従来よりもはるかに安い価格で物が流通するようになったのだ。そのため既存の流通形態（座など）は破壊され、それが全国に波及したのだ。つまり楽市楽座は、一地域に繁栄をもたらしただけではなく、日本全体の商体系の改革を促し、日本の物流を大いに発展させたということである。

信長は、加納、安土、金森などで楽市楽座を行った。京都などでは、さすがに既存の商人たちの反発もあり、楽市楽座はできなかった。だが、信長の楽市楽座政策によって、結果的には京都や近畿地方の商業にも改革をもたらしたのである。

当時、日本の商業のほとんどは、座が占めていた。座というのは、同業者が集まって領主などの後ろ盾を得て「独占販売特権」をもらうものである。座に加入していなければ、市に参加することができない。つまりは、新規参入を阻む性質のものである。もちろん「カルテル」の状態になり、物品の価格は高く設定される。

楽市楽座では、この「座」に入らずとも自由に商売できるので、価格も安くすることができる。そして、ある地域で楽市楽座が実施されれば、周辺の座のカルテルは崩れることになる。高い価格を設定していても、よそで安く売られているのであれば、消費者はそちらに流れるからだ。ディスカウントショップが一つできれば、周囲の既存店が大きな打撃を受けるのと同じである。

安土に楽市楽座をつくれば、畿内にある「座」は大きな影響を受ける。安土に売上を奪われないためには、価格競争せざるを得なくなるのだ。実際、信長の上洛以降、近畿地方の座は急速に衰退するのである。

信長の京都所司代・村井貞勝《さだかつ》は、京都の諸座に安堵《あんど》状（座の持っていた権益を守るという通達）を与えている。もちろんそれは京都の既存の商人に配慮してのことだ。しかし、天正11（1583）年ごろから京都の諸座は、ほとんど活動をしなくなっているのである。奈良でも同じように、座が安堵されたにもかかわらず、天正15（1587）年ごろから活動がほとんどなくなった。**一部の者だけが潤う商形態が壊され、物が安くなり、流通が促進された**ということである。

関所を撤廃した戦国大名

楽市楽座で商人たちの税を安くしただけではなく、関所を廃止したことも信長の功績のひとつだ。これも、日本の流通の発展に大きく寄与している。

戦国時代、日本の流通は、関所によって大きく妨《さまた》げられていた。関所の数が、異様に多かったのだ。

当時は荘園が各地に入り組んでおり、公家、武家、寺社、土豪などの地主が勝手に関所をつくったため、いたるところに関所があった。たとえば、寛正3（1462）年、淀川河口から京都までの間には380カ所。また、伊勢の桑名《くわな》から日永《ひなが》までに60以上の関所があった。

各関所では「津料」「駄《だ》の口」と呼ばれる通行料（税）が取られた。「駄の口」というのは、牛馬や積み荷に課される税金である。つまりは、物流税ということになる。これが課せられると、商人は牛や馬をあまり使えなくなるので、交易される物の量が減るし、運送のスピードも遅くなる。しかも、この通行料のために、物価は高止まりしていた。

関所の存在は、人や物の流通を大きく妨げるものだったのだ。戦国時代の京都は関所のために寂《さび》れたともいわれている。

一方、各地域の豪族たちにとって、関所の「通行料」は重要な収入源となっていた。それが土着の武装勢力の力を増すことになり、戦国の世の治安の悪さにもつながっていた。

だから、信長以外の戦国武将の多くも、本当は関所を廃止したかった。

そもそも「津料」「駄の口」は、その地域の豪族などが勝手に課しているものであり、戦国大名には一銭も入ってこない。もちろん、戦国大名が自らつくった関所の税は自分がもらうことができるが、当時、開設されていた関所のほとんどは、大名たちの管轄ではなかった。そのため戦国大名たちは、幾度も関所を廃止しようと試みたが、地域の豪族が既得権益をそう簡単に手放すはずはなく、関所の廃止はなかなかできなかったのだ。

しかし信長は、新しく領地を占領するごとに、その地域にある関所を撤廃していった。有無を言わさず廃止してしまったのである。信長には、そういう改革に対する強い意志と実行力があったのだ。

もちろんこれに民衆は非常に喜んだ。関所がなくなったおかげで、日本中で物の売買が活発化し、価格も下がり、人々の生活は格段に豊かになった。

イエズス会の宣教師ルイス・フロイスの報告書には、次のように述べられている。

「彼の統治前には道路において高い税を課し、1レグワごとにこれを納めさせたが、彼は一切免除し税をまったく払わせなかったので、一般人民の心を収攬《しゅうらん》した」

また「信長公記」では、「これによって旅につきものの苦労を忘れ、それに牛馬の助けを借りるといっそう楽になり、人びとは安心して往き来をし、交流が多くなったので、庶民の生活は安定に向かい『ありがたいご時世、御奉行様よ』とだれもがもろ手をあげて感謝する次第であった」と記されている。

このように、**信長は、豪族や有力者の既得権を廃し、民衆に利する政策を行ってきた政治家**なのである。

織田信長のインフラ整備——天竜川に橋を架けよ

関所の撤廃と同時に、信長は大掛かりな道路整備も行った。

物流拠点である尾張で育ったためか、信長はこと物流に関しては非常に気を配った治世を行っている。

信長以前、道路の整備はあまりされておらず、遠方への旅は困難かつ危険なものだった。諸国を渡り歩く商人は、100人くらいのキャラバン隊を組むことが多く、荷駄を引く人夫や、護衛要員なども雇わなくてはならなかった。それらの経費はもちろん価格に上乗せされる。当時の人々は、他国から流通してきた物に対して、非常に高いお金を払っていたわけである。

しかし、信長が道路を整備したおかげで、人や物が諸国を自由に行き来できるようになり、流通は格段に発展したのである。イエズス会の宣教師フロイスの著書「日本史」には、次のようなことが述べられている。

「以前はこの国ぐにでは、一人旅をする者にとっては、昼間といえども道路は万全ではなかったが、彼（信長）の時代には、人々は殊《こと》に夏は夜間でも安全に旅ができた。荷物を傍らに置いて、道端で横になって眠っても大丈夫だった。まるで我が家にいるような感覚で、一人旅ができた」

『信長公記』によると、信長は天正３（１５７５）年、道路整備のために次のような命令を出している。

・入江や川には、船橋（船を並べてつないで橋としたもの）をつくり、石を取り除いて悪路をならすように。
・道幅は３間半（約６メートル）とし、街路樹として左右に松と柳を植えるように。
・周辺の人々には、道路の清掃と街路樹の手入れをさせるように。

また信長は、道路を道幅によって次の三つのランクに分けて整備させている。

・本街道＝3間2尺（約6・5メートル）
・脇街道＝2間2尺（約4・5メートル）
・在所道＝1間（約2メートル）

本街道の両端には3尺（約1メートル）の土手を築き、土手と道の間には側溝が掘られ、排水溝とされた。「多聞院日記」によると、山城、大和では田畑をとりつぶしても道路の建設が行われたという。

また信長は道路網整備のために、大掛かりな掘削工事も行っている。

たとえば天正元（1573）年、琵琶湖のほとりに佐和山城を築城するとき、摺《すり》針《はり》峠を開削して道をつくっている。摺針峠は岩盤が多く、岩を火で膨張させて砕くなどしなければならなかった。この工事では2万人が動員されたという。この佐和山城ルートの開設により、中山道《なかせんどう》は従来よりも3里（約12キロ）も短縮された。

天正4（1576）年には、京都・鴨川に四条橋も建設している。四条橋は、平安時代の終わりに一人の勧進僧《かんじんそう》がつくったと言われているが、その後、何度も流失し、当時も橋がない状態だったのだ。

さらに琵琶湖の急流地や、天竜川にも橋を架けている。天竜川に橋を架けたのは、信長が史上初めてだといわれている。

信長の流通を重視した経済政策によって、領民たちは格段に生活しやすくなったはずだ。

第4章

税金オンチ・武田信玄は〝破綻寸前〟

信玄と信長の「埋めがたいほどの経済力の開差」

前章では、信長の経済戦略とその先見性を紹介してきた。

では、信長のライバルたちはどうだったのだろうか？

信長の周囲には強力なライバルは多々いたが、本章ではその中の一人、武田信玄の経済事情について紹介したい。甲斐の守護大名から出発し、信濃、三河、上野《こうずけ》を平らげ、最盛期には100万石近い版図を持つにいたった、信長の最大のライバルだったとされている武将だ。

武田信玄は、大永元（1521）年、甲斐の守護大名、武田信虎《のぶとら》の長男として生まれた。20歳のとき、父・信虎から強引に当主の地位を奪い、甲斐の大名となった。そして、すぐさま信濃へ進出し、勢力圏を北方に拡大。この地方は上杉謙信の勢力圏であり、両者は信濃北部の川中島付近で幾度も衝突を繰り返した。これが「川中島の戦い」である。

この川中島の戦いは、勝ち負けはつかなかったとされるが、その戦いの合間に信玄は着々と領土拡大工作を進め、弘治年間（1555〜1558年）ごろには、信濃一国がほぼ武田氏の勢力圏に入った。

永禄4（1561）年ごろからは、関東への侵攻を開始する。そして元亀2（1571）年ごろに今川領（駿河）のほぼ全域を掌握し、今川家を事実上滅ぼした。

しかし、このころすでに織田信長は将軍足利義昭を擁して京都に旗を立てていた。うかうかしていては信長に天下を取られてしまうという危惧を持ちつつあったとき、将軍足利義昭から信長に対抗するよう要請を受けた。それを受けて信玄は、越前の朝倉義景《よしかげ》、近江の浅井長政、大坂の石山本願寺などの勢力と組んで「信長包囲網」を形成する。

そして元亀3(1572)年10月、「信長包囲網」の盟主として、信長と直接対決すべく、遠江・三河・美濃方面への行動を開始した。

これがいわゆる西上作戦である。

信長の同盟者である家康を三方ヶ原《みかたがはら》で破り、信長との対決も間近かと思われた天正元(1573)年4月、病の悪化により陣中で死去。享年53だった。

「信玄の寿命がもう少し長ければ、信長ではなく信玄の天下だった」とする歴史家もいる。が、経済面から両者を比較すれば、それは決して妥当な考えではない。

信玄が死去したとき、両者の間にはすでに埋めがたいほどの経済力の開差が生じていた。信長のほうが経済的に圧倒的に強かったということである。それはもちろん軍事力にも反映された。おそらく、信玄は寿命がもう少し長かったとしても、信長の後塵を拝するだけだったはずだ。

というより、信長との力の開きが信玄の焦りを生み、死期を早めたとさえいえる。本章では、信玄はなぜ信長に対して、経済的にまったく刃が立たなかったのか、その事情について説明していきたい。

「まず土木工事をしないと、戦どころではない」領地

武田信玄は、信長や上杉謙信に比べて、家柄としては決して不利ではなかった。信玄の武田家は、そもそも甲斐の守護家であり甲斐源氏の統領という地位にあった。信長の織田家は、もともとは守護大名の家臣に過ぎなかったし、上杉家も守護代に過ぎなかった。信玄は大名としては、かなり有利な立場からのスタートだった。

ところが信玄には、信長や謙信に比べて圧倒的に不利な要素があった。

それは、「土地」である。

というのも、**信玄の本拠地である甲斐武田領は、「農地」として非常に貧弱だったのだ。**水害も多く、豊穣とはいいがたかった。

「信玄は領内の治政に時間を割いていたから、信長に出遅れた」

という言い方をされることがある。これは、信玄びいきによく見られる論である。つまりは、「信玄は信長と違って、領民思いだったから天下統一競争に負けた」

ということである。だが、これは真実ではない。確かに信玄は領内治政に大きく時間を取られているが、それは信玄がことさら領民思いだったからではなく、領内治政を行わざるを得ない事情があったからである。

甲斐武田領は、版図は大きくても、実入りが非常に少なかった。信長の尾張領とはまったく逆だったといっていい。そのため信玄は、なかなか外に進出する余裕はなく、領内治政に没頭せざるを得なかったのだ。

武田信玄の経済政策というと、土木事業が有名である。

甲斐の甲府盆地は、笛吹川《ふえふきがわ》と釜無川《かまなしがわ》の二つの川の氾濫に長い間、悩まされてきた。そのため、河川事業は甲斐の領主にとっては悲願でもあったのだ。

信玄は農地を水害から守るために、大規模な土木工事を行い、堤防を築くなどして、釜無川とその支流である御勅使川《みだい》の流路を変えることで、氾濫を防いだ。この土木事業は、弘治期（1555～1558年）にすでに開始されており、永禄3（1560）年にはほぼ完成したという。

また、信玄はこの地域を日常的に補強する労働力を確保するために、移住する者を募集した。移住者には棟別役の免除特権が与えられた。この移住促進政策によって、永禄8（1565）年には、周辺の郷村から50軒が移住したという。この地域の水害対策は江戸時代にも引き継がれ、農地の開発も進んだ。

このような大規模な土木事業を行っていたので「信玄は領内の治政を重んじ、信長のように戦争のことばかり考えなかったために、信長の後塵を拝した」という言説が出てくるわけだが、経済の視点から見れば、この見方は認識誤りだと言わざるを得ない。

信玄はあえて他国制覇に乗り出さずに、土木事業を行っていたわけではない。**まず土木事業を行わなければ、他国制覇に乗り出す経済力が持てなかった。**農地の整備などをしないことには、戦費を賄えなかったのだ。

甲斐地方というのは、もともと豊穣な土地ではない上に、たびたび天災に見舞われている。たとえば天文9（1540）年は大雨と大嵐により、家という家は押しつぶされ、「鳥獣もみな死に、世間の大木は一本もなくなった」というくらいの被害をこうむっている。天文9（1540）年というのは、信玄が父・信虎を追放する前年のことである。信虎は、悪政により領民を苦しめたといわれているが、この災害も大きな影響を与えていたはずだ。また、その翌年の天文10(1541)年春の甲斐領は、「100年に一度もない」というような飢餓に陥り、「人や馬が死ぬこと限りなかった」という。

信玄はそのような土地から戦国大名として出発したのである。

農地整備を行わなければ、とても他国と戦争などはできなかったのだ。

“実入り”は少ないのに重税を課された甲斐武田領

そもそも信玄は、決して領民に優しい領主ではなかった。

というのも、貧弱な甲斐で戦費を賄わなければならないので、必然的に税を重くしなければならなかったからだ。

甲斐武田領の重税は、信玄に始まったことではない。

信玄の父である信虎の時代にも、大増税が行われているのだ。大永2(1522)年の正月、信虎は領国全土にわたって「棟別銭」の課税を行った。

棟別銭は前述のように、「家屋」や「家族」にかける税金のことである。家一軒あたりいくら、一家族いくらという形で課税するのである。

これは、度重なる戦争の費用を補うためである。

当時の税制は、本来は「農地」が基本となっていた。田や畑に対していくらというふうに定められていたのだ。家屋にも課税されていたが、それは補完的な税であり、それほど大きな額ではなかったのだ。しかし、甲斐武田領の場合は、本来、補完的な税である「棟別銭」を財政の柱に置くようにしたのだ。

「農地」を基本にした場合、天候などで農作物の出来が悪ければ、税の基準を引き下げなくてはならない。つまり、農作物の出来によって税収が左右される。しかし、土地がやせている甲斐地方では、そういう税の掛け方をしていては、税収が確保できなかったのだ。不作のため頻繁に税を引き下げなくてはならなかったからだ。

そのため**甲斐武田領は、農作物の出来に関係なく、毎年一定の税収を確保できる「棟別役」を税の柱に据えた**のである。農地ではなく、「家屋」や「家族」に課税することで、税収増と税の安定化を図ろうとしたのだ。

もちろんそれは、農民の負担を大きくする。農作物の出来が悪くても、毎年決められた税を納めなくてはならないからだ。当然のことだが農民たちは反発した。

また、棟別銭は家臣たちにも評判のいいものではなかった。

大名というのは、基本的に直轄領からしか税を得ることができない。家臣に与えられた知行地は、家臣のものだからである。しかし、「棟別銭」は、直轄領、非直轄領にかかわらず、領内すべてに課税されるものである。この「棟別銭」が、武田領では高かったのだ。

さらに信虎の代では、それまで年貢が免除されていた寺や神社にまで「棟別銭」が課せられることになった。これには、家臣や国人《こくじん》（地域の有力領主）たちも反発した。

「妙法寺記」によると国人の小山田信有《おやまだのぶあり》は、棟別銭の課税に抵抗したが、信虎は課税を強行するために、小山田信有の領内への道路を封鎖し孤立させてしまった。小山田信有は、観念し棟別銭を受け入れたという。

なりふりかまわぬ「信玄の増税政策」

信虎の子である信玄も棟別銭の制度を継承し、さらに前述した税制改正で「棟別役」を税収の柱に置いた。信玄が領主の座についた翌年の天文11（1542）年8月には、新たに「棟別帳」の作成を開始したのだ。

棟別帳というのは、簡単に言えば、領内の各家屋とそこに住んでいる家族のことが記された帳簿のことである。現在の固定資産台帳のようなものだ。

新たに棟別帳を作成したということは、家ごとに課税する「棟別役」という税金を強化するということである。これは、実は信玄の苦肉の策でもあり、甲斐地方の貧しさを物語るものでもあるのだ。

しかも信玄は、それ以降もたびたび増税をした。

棟別銭は、当初は本家だけに対して100文、これを春と秋の2回徴収していた。合計200文である。データ数は少ないが、当時の棟別銭の相場は年間50～100文程度とされているので、年間200文はかなり重税の部類に入ると見られている。

その後、税収不足を補うため新家（新屋）にも課税しはじめた。この新家の課税も最初は50文だったが、信玄の死後は100文になっている。さらに、これまで「棟別役」の対象となっていなかった片屋（屋根が両側にはなく、片側にしかない家）や明屋《あきや》（空家）にも課すようにしている。

そして、**この高額な税金を、信玄はしばしば前倒しで徴収している。**永禄5（1562）年には、甲斐国鮎沢《あゆざわ》郷において、翌年の秋に納めるべき棟別銭のうち30文を年末までに納めるように指示した記録が残っているのだ。

信長は、家臣たちに対して「農民に年貢以外のきびしい税を課してはならない」と指示していたが、これとはまったく正反対の政策とさえいえる。信長も棟別銭を課した事例はあるが、信玄に比べればはるかに小規模で低額のものである。「税のとり方」においても、信長と信玄の好対照が見られるのである。

領民全員に〝罰金〟を科す！　しかも前倒し徴税！

甲斐領の税収不足はそれでも改善されなかった。そのため、信玄は非常に恐ろしい課税を行っている。

領民全体から〝罰金〟として、税を徴収したのである。罪も犯していないのに、領民に罰金をかけたのだ。

それまで信玄は、比較的軽い犯罪に対して「過料銭《かりょうせん》」という罰金的な税を課していた。町人や百姓の喧嘩沙汰についても、過料銭を課していた。

この過料銭を天文18(1549)年に、驚くべきことに領民全部にかけてしまったのだ。

罪を犯してもいないのに、罰金を払わされるのだから、領民にとっては不可解なことである。

天文20(1551)年には、地下衆《じげしゅう》(主人を持たず生活が不安定な人々)にもこの過料銭が課せられた。**税収アップのためには、もうなりふり構わない**という感じである。

「妙法寺記」には、このときのことが「皆が嘆くこと言説に及ばない」と記されている。いくら税収不足だったとはいえ、これはひどすぎるだろう。

しかもこれらの重税は、信玄の死後はさらにエスカレートした。重罪の者でも金を払えば許され、軽い犯罪の者でも金を払わなければ、見せしめのために磔《はりつけ》にされるといったことが行われたという。

「税を払わず逃亡した者は、どこまでも追いかけよ」

重い税制のために、武田領では税を納められない者が続出したが、それに対し信玄は「厳格な取り立て」で応じた。

信玄は天文16(1547)年に、「棟別役」などに関する法度26条を制定している。この法度も、農民にとって過酷なものだった。

「棟別役」は郷村ごとに割り振られ、どこかの家が払わなかった場合は、郷村全体でその不足分を負担しなければならなかったのだ。また、家族の者が死んだり逃亡したりして空き家になった場合でも、家の規模に応じて、200文、100文、75文、50文、15文の棟別銭が課せられ、それは残った村の者が負担したのである。

棟別役は、よほどのことがない限り減額、免除はしないとされ、例外として認められたのは、「逃亡者、死去者が多数に及び、棟別銭が基準額の倍になったとき、または水害や家屋流出などで、死人による家が10軒以上になったとき」などに限定されていた。

「甲陽軍鑑」には、信玄の領国57箇条法度が記されているが、その中にこういう記述がある。

一、逃亡あるいは死去する者が出ても、当該郷村においてすみやかに弁済せよ。
一、他の郷村へ家屋を移す者がいれば、追って棟別銭を徴収せよ。
一、自身や家屋を捨て、あるいは売却して領国内を流れ歩く者に対しては、どこまでも追いかけて棟別銭を徴収せよ。ただし本人が一銭も収められないときは、その家屋を所用している者が弁済せよ。
一、棟別銭の免除は一切ない。しかし逃亡あるいは死去の者が多数出て、棟別銭が二倍になった場合は申し出でよ。

（『甲陽軍鑑』佐藤正英校訂・訳 ちくま学芸文庫より著者が抜粋）

これを見ると、信玄が棟別銭を容赦なく取り立てようとしているのが、非常によくわかる。棟別銭を払わずに逃亡した者は、どこまでも追いかけられるというのだ。

「甲陽軍鑑」というのは、武田信玄の偉業をたたえるために書かれた書である。その書にまで徴税のことが残されているのだから、その取り立てはかなり厳しかったことが予想される。

このような重く執拗な負担に農民が耐えられるわけはない。もともと武田領は農民の逃亡が多い地域だったが、信玄の税制改革以降は、それに輪をかけて逃亡が増えていった。また郷村からは、棟別負担の軽減を目的とした「詫言《わびごと》」という訴願が、信玄のもとに殺到することになった。

それでも信玄は、基本的にこの方針は変えなかった。そうしないと、やはり戦争費用を捻出《ねんしゅつ》できなかったからである。戦国最強と呼ばれた武田軍団は、農民の過酷な税負担によって維持されていたのである。

信玄のこのような行いは、当時の大名のなかでは〝異常〟だったのだろうか。

戦国時代の税制については、よくわかっていない部分が多く、また増税を行ったのは信玄ばかりではないことがわかっている。

しかし武田家の資料には、ことさらに増税に関するものや、農村の疲弊による農民の逃亡についての記録がある。武田家は信玄の子の勝頼の代で滅びているため、文書のほとんどは残っていない。それでも残った数少ない文書の中に、領国の貧困に関する記録ばかりがあるのだ。

一方、信長の場合は、比較的多くの記録が残っているにもかかわらず、増税や過酷な取り立ての記載はほとんどない。

このことから見ても、甲斐の国が、非常に貧しい国だったことがわかる。そして、**信玄はその貧しい国の中で、かなり無理をして大軍団をつくっていた**ということである。

当然のことながら、武田領の領民たちは信玄や武田家のことを良く思っていなかったようである。「信長公記」には、天正10（1582）年2月に、信長軍が信濃に侵攻したときには、百姓たちは自ら家に火をつけて織田軍のもとにやってきて「織田の分国にしてほしい」と懇願したと記されている。

国が疲弊したために戦争をし、戦争のために重税となり、さらに国が疲弊するという負のスパイラルが、極致に来ていたといえる。

どうして？　寺社に対する多額の寄進

信玄は、領民に過酷な課税をするその一方で、寺社などには多額の寄進をしている。

そもそも信玄は、神や仏に対する敬愛の念、というより依存の念が強かった。信玄は38歳のときに仏門に入り、法性院機山信玄という法名をもらっている。武田信玄の信玄というのは、この法名のことである（本名は晴信《はるのぶ》である）。

前述したように信玄は20歳のとき、父・信虎から強引に当主の地位を奪った。父を甲斐から事実上、追放したのである。そのことを後ろめたく思っていたため、仏に仕えようと思ったらしい。

当時の寺社は、地方の豪族などから領地を奪われるなどの状態があったが、信玄はそれをやめさせたり、新たに寄進したりしている。

武田領はいつだって「火の車」

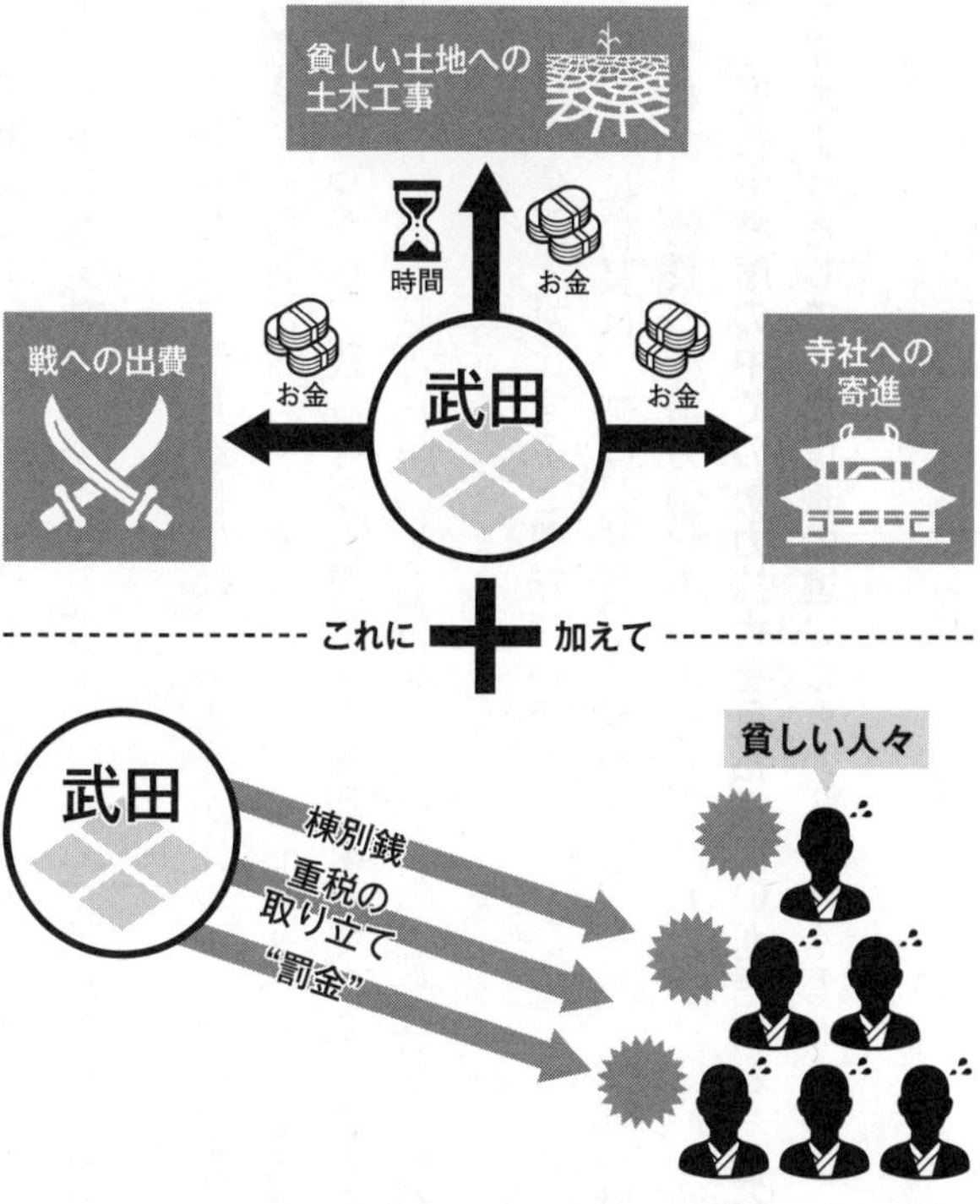

結局、お金の工面に翻弄されたまま、信玄は病死し……

たとえば元亀元（１５７０）年９月１日には、飯縄《いづな》大明神のこれまでの社領を取り戻させ、それに加え新たな寄進をしている。そして武田家の武運長久を祈らせている。

永禄６（１５６３）年７月28日には、開善寺《かいぜんじ》が失っていた寺領の一部を還付している。開善寺には毎日法華経を２巻読誦させ、もし今後、武田家の武運が長久で領国内が静謐《せいひつ》であったら、残る寺領も還付すると約束している。また永禄10（１５６７）年11月12日には三精寺に寺領を還付し、ここにも武運長久の祈禱をさせている。

このことは、信長と対比すると興味深い。

ご存じのように信長は、延暦寺《えんりやくじ》を焼き討ちするなどし、寺社の財や既得権益を奪った。それが、信長の経済力強化の一因にもなった。

あくまで旧社会秩序の中での勢力拡大を目指していた信玄と、社会秩序そのものをつくり変えようとしていた信長の違いだといえるかもしれない。

信玄の〝デフレ対策〟はなぜ的外れなのか

戦国時代というのは、深刻なデフレ時代でもあった。デフレとはお金の流通が減り、物の値段が下がることである。

このデフレ対策においても、信玄と信長はまったく対照的だった。

デフレの主な原因は、明からの銅銭の輸入が途絶えたために、当時の中心的な貨幣だった銅銭が不足したことである。残った銅銭も、端が欠けるなどの悪銭《あくせん》ばかりとなっており、精銭《せいせん》（きれいな銅銭）は希少となっていた。

この「悪銭」対策は、どこの大名も頭を悩ましているものだった。悪銭は取引相手に受け取られにくいので、大名としてもなるべく保持しておきたくない。しかし、政策として悪銭を差し止めてしまえば、市井の銭不足がさらに深刻になってしまう。

この問題に関して信玄は、「棟別銭を納付する場合、悪銭ではなく、精銭を用いよ」と命令した。そのため農民は、棟別銭の納付のために、希少な精銭を用意しなくてはならなくなったのだ。

もちろん、これは問題を大きくするだけだった。農民にとって大きな負担となったうえ、武田領内ではさらに深刻な銭不足（デフレ）に陥った。武田領内では、信玄の治世以前にも銭不足の状態だったが、信玄の世になるとさらにそれが加速したようである。

「妙法寺記」によると、天文11（1542）年、天文16（1547）年、天文23（1554）年、弘治2（1556）年に、「銭の枯渇が起きた」という記録がある。信玄は、やはりデフレ対策を間違ったようである。

信玄は棟別銭に関することだけではなく、一般市場の悪銭の流通に関しても的外れな命令を出している。それは次のようなものである。

「悪銭の事、市中に立て置くの外は、これを撰ぶべからず」（五十五箇条の甲州法度）

これは「市場などで定められた以外は悪銭の通用を妨げてはならない」という意味である。逆に言えば「市場で悪銭はダメとされていれば、悪銭は使えない」ということである。当然のことだが、市場では悪銭は使えないことになり、銭不足がより加速したものと思われる。

一方、織田信長はこのような対応は取らなかった。

精銭を１枚１文とし、焼けた銭などは２枚で１文、大欠けしたり割れた銭は５枚で１文という具合に、銭の形状によって交換割合を提示し、状態の悪い銭でも貨幣として使えるようにしている。銭不足を解消するための非常に現実的で効果的な方法である。

それに比べれば、信玄のそれはあまりに雑な金融政策だといえる。

関所を増やした信玄 vs. 関所を廃止した信長

信玄と信長は、関所に対する考え方も正反対だった。

前述したように織田信長は、自国領内での関所を極力廃止し、関銭も無税とする政策をとっていた。それは、信長領内での商工業の急成長を促した。

しかし信玄は、その逆の政策をとったのである。

甲斐領では、信玄自らが関所をつくり、関銭をとったのだ。

なぜそうしたかというと、武田家にとっては、この関銭も大きな収入源になっていたからである。

関銭を取れば、流通はそれだけ阻害され、商工業の発展の妨げになる。だから本当は信玄としても関所は廃止したかったはずで、一部では廃止された関所もある。しかし、背に腹は代えられず、多くの関所は武田家の収入源として残されたようなのだ。

信玄領の経済政策にはいたるところで、**「貧しいがために増税を行う」「税が重すぎるので貧しいまま」**という負のスパイラルが見られるのである。

そもそも信玄が領土拡張できたのも「信長のおかげ」

ところで、財政基盤の弱かった武田信玄だが、なぜ領地を大拡張することができたのか？　やはり武田信玄は〝軍神〟だったからだろうか？

その答えは、ノーのようである。というのも、武田信玄の領土拡張の経緯を見ていくと、どうしても信玄の軍功によるものとは言い難いのである。

なぜかあまり顧みられることはないが、そもそも武田信玄というのは、信長のおかげで領土を拡張できたのである。極端に言うならば、武田信玄が戦国を代表する大大名になれたのは、信長のおかげなのである。

信玄は晩年、100万石近い領地を有していた。だが、その大半は、「桶狭間の戦い」以降、今川家の領土だった関東、東海地方に攻め込んで切り取ったものである。桶狭間の戦いは、関東、東海の勢力地図を大きく塗り替えるきっかけになっていたのだ。

ご存じのように桶狭間の戦いでは、今川家の当主だった今川義元が討ち取られた。ただ、今川義元が死んだからといって、即、今川家が滅んだわけではない。東海地方で最大の勢力を誇った日本有数の大名家である。まだしばらくは命脈を保っていた。

とはいえ、やはり当主が討ち取られたことの影響は大きく、今川家の求心力は急激に低下し、当然、国力も弱まった。そんな折に、人質として今川家にいた徳川家康が、独立して三河地域を奪取。それを見た信玄は、同盟国であった今川領に侵攻し始めたのだ。

永禄11（1568）年、駿河に大軍を差し向け、元亀元（1570）年には富士以東を除く、駿河一帯を手中にした。

信玄には、「強力な武田軍団によって、領土を拡張してきた」イメージがある。しかし、実際には信濃地方を制圧した程度であり、川中島では大した領土拡張はしていなかった。信玄が切り取った領土というのは、その大半が旧今川領であり、信長の戦功のおこぼれのようなものだったのである。

駿河に進出することによって、信玄は待望の港を手に入れることになった。これで、他国から塩の封鎖をされなくても済むようになったのだ。しかし、それも多分に信長のおかげであり、自らの武力だけで海岸を奪取したとは言い難いのである。

第5章

軍需物資の〝調達スキル〟が生死を分ける

戦国時代は「軍需物資の調達」が生死を分ける

戦争の趨勢《すうせい》は、「軍需物資をどれだけ確保したか」が大きく影響する。強力な武器をより多く揃えたほうが強いに決まっているのだ。

戦国時代当時でいえば、何と言っても鉄砲である。

ご存じのように、鉄砲は戦国時代にポルトガル船によってもたらされた（鉄砲伝来はそれ以前という説もある）。鉄砲は戦争の方法を変えたとも言われ、戦国時代の趨勢を決める重要なカギにもなった。

たとえば信長は戦場に鉄砲を大量投入し、敵を圧倒したことが知られている。信長の強さは、鉄砲によるものが大きいのである。

とはいえ、鉄砲を大量に投入する作戦は、信長だけの創意工夫によるものではない。どこの大名も、鉄砲の大量投入をしたかったのである。しかし鉄砲は貴重な軍需物資だったので、なかなか手に入らず、信長以外の大名はそれが出来なかっただけである。

つまり、**信長の凄かったところは、誰もが欲しがる鉄砲をそれだけ大量に集めることができたという点**である。それだけの「財力」と「入手ルート」を持っていたということ、それが信長が武で他を圧倒できた大きな理由なのである。

逆に言えば、鉄砲などの軍需物資を集められなかった大名は、衰退せざるを得なかった。そして、それは元々の版図の大きさにはあまり関係なかった。

領土が広くても、軍需物資を確保できない者は、次第にその領土が削られていくことになった。逆に領土が狭くても、うまく軍需物資を確保できた者は、やがて領土を広げていくことができたのである。

では、鉄砲などの軍需物資を、大名たちはどうやって手に入れていたのか？

信長はなぜそれを大量に確保することができたのか？

この章では、それを追究していきたい。

実は早くから鉄砲を採り入れた信玄。しかし……

織田信長が鉄砲を大々的に採り入れた戦いとしては、「長篠《ながしの》の合戦」が有名である。

天正3（1575）年5月21日、三河の長篠城付近で、織田、徳川連合軍と武田勝頼軍が激突した。織田方3万8000、武田方1万5000という大軍団同士の正面戦争である。

当時の武田方は、信玄なき後とはいえ、甲斐一国を治める大国であり、勇猛果敢な武田軍団を擁していた。天下統一を目指す信長にとって、最大の障害だったといえるだろう。

信長はこの戦いにおいて、3000とも言われる鉄砲を投入し、武田軍の騎馬軍団を壊滅状態に陥らせた。この戦いに勝利したことによって、信長の戦国の覇者としての地位が決定づけられた。

この「長篠の合戦」では、「鉄砲を早くから採り入れた信長に対し、鉄砲の導入が遅れていた武田軍」というような図式が成り立つように見える。

しかし、実際はそうではない。実は武田軍は戦国大名の中でも、かなり早い段階から鉄砲の重要性を認識し、導入を進めていたのである。武田家の軍記である「甲陽軍鑑」には、天文17（1548）年、信玄と信濃の村上義清が上田原で戦った際に、「信玄軍は50人の足軽に鉄砲を持たせていた」と記されている。

天文17年というと、信長のほうはまだ14歳であり、家督も相続していない時期である。信玄はそのときからすでに戦場に鉄砲を持ち込んでいるのだ。

種子島に南蛮船がたどりついて鉄砲がもたらされたのが天文12（1543）年なので、それからわずか5年後ということになる。

「鉄砲が日本に到来してわずか5年後に、戦場で使用していた」となると、信ぴょう性を疑われるかもしれない。ただ、これには経緯がある。というのは、一般には鉄砲は種子島からもたらされたと思われているが、それ以前に、中国、朝鮮経由で永正7（1510）年に銅製の火縄銃がもたらされているのだ。「甲陽軍鑑」で信玄が鉄砲を使用したと記述されている時期は、そこから換算すれば40年近くが経っていることになり、そう不自然なことにはならない。「北条五代記」などでも、種子島経由以前に鉄砲がもたらされた裏付けになる記述がある。が、この説はまだ確定しておらず、さらなる研究が待たれるところである。

また、種子島に鉄砲が伝来すると、すぐに鍛冶《かじ》職人たちが鉄砲をつくるようになり、瞬く間に日本中に広がったという経緯もある。鉄砲伝来が種子島経由であったとしても、天文17（1548）年に鉄砲を使用することは不可能なことではない。

信玄は弘治元（1555）年の第二次川中島の戦いにおいても、300挺《ちょう》の鉄砲を投入している（『甲陽軍鑑』）。

信玄の鉄砲の導入自体は相当に早かったということであり、鉄砲の先駆者ともいえる存在だったのだ。そんな武田軍が、なぜ信長に鉄砲でしてやられることになったのか。

それは、信玄が鉄砲と弾薬を充分に確保できなかったからである。

「世界水準の鉄砲」の供給地だった堺

鉄砲は、種子島に来て以降、様々な場所で生産されるようになったが、その代表的な製造地は堺だった。

当時の堺は日本国内の物流拠点というばかりでなく、日明貿易の発着港でもあり、日本における最大の貿易港だったが、最先端の工業都市でもあったのだ。

堺は古くから金属産業が栄えており、古代から中世にかけては我が国の鋳物《いもの》産業の中心地でもあった。そして戦国時代になり、物流の中心地にもなったことから、鉄砲や弾薬などもいち早く入ってくるようになった。鉄砲の商品価値を目ざとく見つけた堺の商人が、鉄砲製造を始めたのである。

堺に鉄砲が伝わった経緯は二通り伝えられている。

一つは、根来寺《ねごろじ》の杉之坊が種子島に鉄砲という武器が伝わったことを知り、津田《つだ》監物《けんもつ》という僧を派遣して一挺入手し堺に持ち帰ったというもの。もう一つは、堺の商人の橘屋又三郎《たちばなやまたさぶろう》が種子島に出向いて砲術を会得し、堺にそれを持ち帰ったというものである。

どちらが早かったのかは今のところわかっていない。いずれにしろ、堺の鉄砲産業はまたたく間に発展し、戦国時代には日本の鉄砲生産の中心地となっていたのだ。

戦国時代の日本の鉄砲製造技術は、世界的に見ても高いものだった。17世紀初頭の平戸《ひらど》にあったイギリス商館の館長リチャード・コックスは、書簡の中で「日本産の鉄はイギリス本国のそれよりも品質優良で価格も安い」と書いている。当時の日本の製鉄技術は世界水準にあったといえる。堺は、その中心にいたのだ。

そして、海外貿易の港は日本にいくつかあったが、最東に位置しているのがこの堺だった。堺より東には、海外貿易船は入ってこないのだ。つまり、**東日本の大名にとって、堺は生命線ともいえる港**だった。

「自治都市・堺」には大名でさえ口を出せない

有力大名はこぞって堺を支配下に置きたがったが、この重要な港は非常に押さえにくい位置にあった。

まず、近畿の中心にあったために常に大名同士の競争が激しく、なかなかこれを我が物にすることができない。さらに**堺という土地は、商人たちの自治が確立していて、大名といえどもなかなか手を出せなかった**のである。

堺は当時、自治都市として認められていた。

室町時代後半の応永26（1419）年、堺は領主である相国寺《しょうこくじ》崇寿院から「地下請《じげうけ》」を勝ち取った。「地下請」は、その地域の住民が年貢徴収をひとまとめで請け負う代わりに、自治権を認めさせる、というものである。それ以来、堺は住民による自治が確立し、戦国の世になってもそれを守り通してきたのである。

堺は強固な警察組織も持っていたので「堺より安全なところはない」といわれるほどだった。有力な商人が浪人を雇い傭兵軍を整えており、また、市街には門があり、夜になると閉じられた。

日明貿易などで栄えた堺は、周辺の武将から軍資金の財源として常に目をつけられることになった。足利義尚も堺に2000貫目の軍資金を要求しているし、畠山氏も1万貫目を要求している。堺はそれらの要求にこたえながらも、自治権は決して手放さなかった。

周辺の勢力にとって、堺は魅力のある地域ではあったが、なかなか手が出せない地域でもあったのだ。そして、この支配しにくい堺をいち早く手に入れたのが、織田信長なのである。

信長が堺商人を制圧した「手際のよさ」

永禄11（1568）年、信長が将軍足利義昭を警護して上洛し、畿内を制圧したときのことである。義昭は、信長の労に報いるために、副将軍か畿内5カ国を治める管領職に就くように要請する。しかし信長はこれを断り、代わりに堺、大津、草津に代官を置く許可を願い出る。つまり、「堺、大津、草津をくれ」ということだった。この3つの港ともが当時の日本の物流の要衝であり、もちろん、その最大のものは堺だった。

だが、前述したように堺には自治権が確立しており、代官を置いたところで簡単に大名になびく都市ではない。信長はそれをうまく手懐け、堺を支配下に置いたのである。それが、信長の飛躍につながり、ライバルたちへの強い牽制《けんせい》となったのだ。

では、信長はどうやって堺を支配したのか？

堺は当初、信長に強く反発していた。

信長は上洛するとすぐに、将軍家再興のためとして、畿内の各都市、寺社などへ矢銭（臨時税）の差し出しを命じている。堺には2万貫目、石山本願寺には5000貫目を要求したのだが、すぐに応じた石山本願寺にひきかえ、堺はこれを拒否している。

堺は三好三人衆（三好長逸《みよしながゆき》、政康《まさやす》、岩成友通《いわなりともみち》）を頼んで、信長を追い払おうとした。堺の商人たちは、どこの馬の骨ともわからない信長よりも、長年、京都で勢力を誇っていた三好に分があると見たのだ。

信長は、堺を攻撃するぞと脅しつつも、すぐには実行しなかった。堺を敵にして灰にしてしまうより、味方にしてその経済力、工業力を利用したかったからだ。信長は1年の間、堺を攻撃せずに我慢したのだ。

三好三人衆は信長が上洛するとすぐに一旦は帰順していた。が、信長が岐阜に戻ると堺で軍備を整え京に攻め込み、足利義昭のいる本圀寺《ほんこくじ》を包囲した。これを見た信長はすぐさま取って返して、三好勢を撃退した。

するとこれを見て、堺の中にも信長に恭順しようという動きがでてきた。その勢いで信長は堺に対して次の2点を強硬に迫った。

・今後、一切浪人を抱えないこと
・三好方への味方はしないこと

ここにいたって堺は観念し、会合衆《えごうしゅう》は信長に証文をだし、2万貫目の矢銭にも応じた。

こうして信長は、堺を無傷で手に入れたのである。

信長の財政・軍需物資大臣「今井宗久」

信長は、堺を支配下に置いて以降、ある商人を重用することになる。

その商人とは、今井宗久《いまいそうきゅう》である。

茶道の宗匠《そうしょう》として名高い今井宗久は、堺の豪商でもあった。甲冑《かっちゅう》や革製品を取り扱っており、武器商人として戦国大名の間でも有名だった。

この今井宗久には先見の明があり、早くから信長の存在を重く見ていた。信長が将軍を擁して上洛した永禄11（1568）年には、今井宗久は信長に謁見を申し出て許され、「隠れなき名物」「我朝無双」といわれる複数の名器を贈っている。当時はまだ堺のほかの商人たちが信長に反発していた時期である。にもかかわらず、今井宗久はいち早く信長の可能性を見抜き、接近していたのだ。信長の要求にこたえて2万貫目の矢銭を出すように堺の会合衆を説得したのも、この今井宗久だともいわれている。

やがて宗久は信長の軍需物資の調達の面で重要な役割を果たすようになる。信長による堺支配の責任者を任されることになったのだ。

宗久は堺5箇荘の代官に任命され、塩や干物などの年貢の徴収権も管轄。淀川の通行権も任され、運輸についても重要な役割を担うようになる。〝信長の財政・軍需担当大臣〟とさえいえる存在になったのである。

もはや宗久は武器調達において最重要の人材であった。堺の我孫子《あびこ》村に鉄砲製造工場を持っていたと言われており、堺の鉄砲製造においてキーマンだった。姉川の戦いの前には、信長の命を受けた秀吉が今井宗久に上質の鉄砲火薬を三十斤、煙硝三十斤の調達を依頼した記録が残っている。

今井宗久は後年、生野《いくの》銀山の運営を任されるなど、信長の天下統一事業を財政から支える人物でもあった。ただ、信長の死後は秀吉にも仕えたが、秀吉は利休のほうを重用したため、晩年はそれほどの活躍はできなかった。

"経済封鎖"を行える立場の強さ

信長が堺を押さえることに成功して手にしたのは、「軍需物資の調達のしやすさ」だけにとどまらない。

「堺より東の大名に対して、経済封鎖を行える」立場を手に入れたのだ。つまり、堺以東の大名は、これ以降、鉄砲などの軍需物資を調達するのが非常に困難になったのである。

当時、外国の物資はまず西日本に入るのが常だったため、東日本の大名は、必ず西日本経由で重要物資を調達しなければならなかった。そして、西日本から東国への交易ルートというのは、当時、主に二つ。伊勢湾から海伝いに入るルートと、琵琶湖を上って日本海側から入るルートである。

信長はすでに尾張、美濃を平定していたので、伊勢湾ルートはほぼ押さえてしまっている。そしてさらに上洛後に、堺、草津、大津を手に入れた。草津と大津はともに琵琶湖に沿った地域であり、大津は京都から琵琶湖への玄関口、草津は京都から北陸へ行くときの通過点である。

つまり、この二つを押さえれば、日本海側のルートも押さえられたことになる。信長が草津、大津をどれほど重要視していたかということは、後年、本拠地として両地の近くに安土城を建てたことからも伺える。

さらに西日本の物産が集積する堺をも押さえたということは、信長は「東日本の物流を完全に掌握した」といえる。

戦国時代、重要な戦略物資を他国に輸送させない「経済封鎖」は頻繁に行われていた。これを「荷留《にどめ》」といった。また荷留は港で行われることが多いので「津留《つどめ》」

経済の要「堺」を押さえよ！

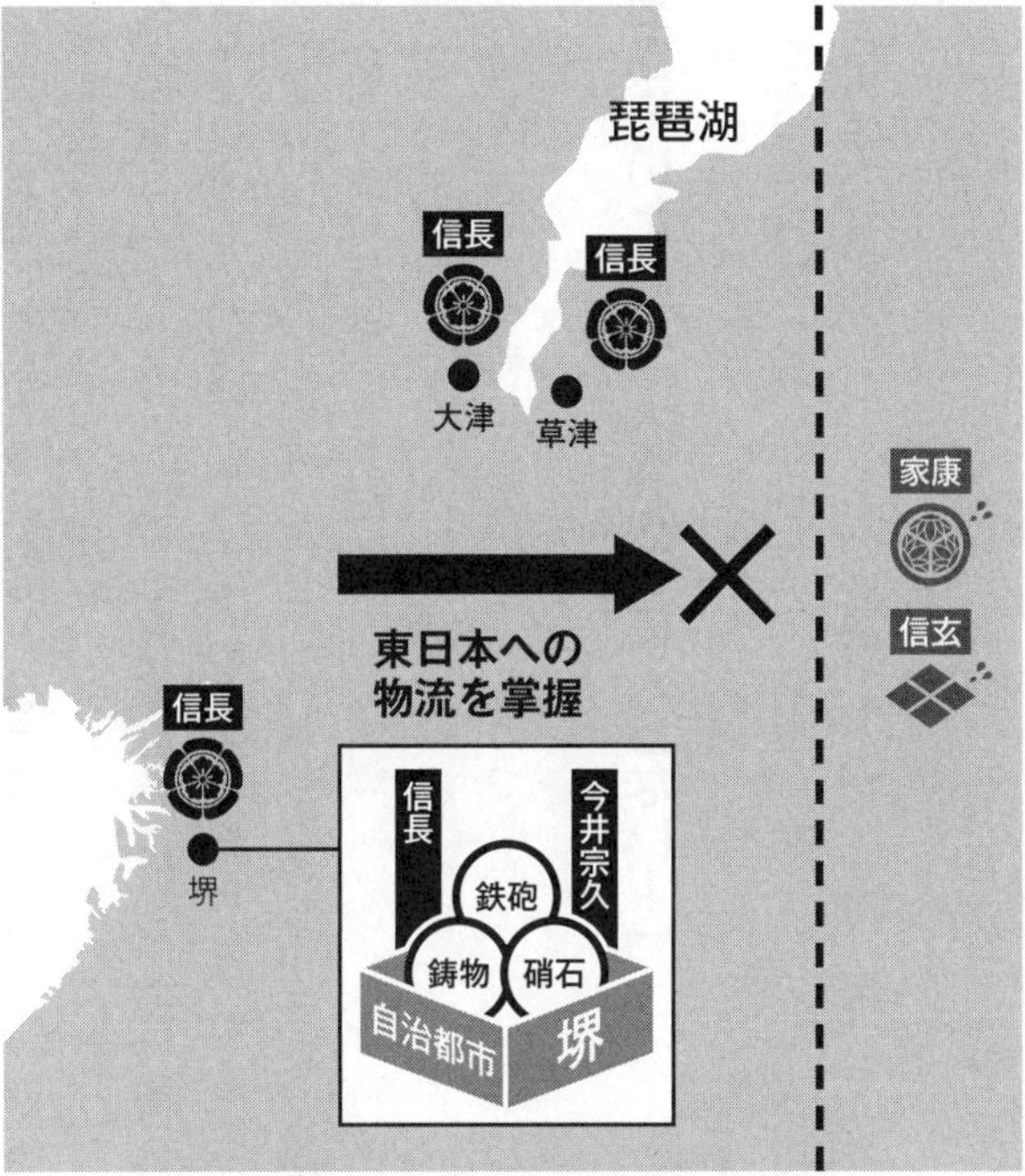

信長は、「経済封鎖」を
随意に実行できる立場を手に入れた

ともいわれた。武器や軍需物資を他国に渡さないのは、ごく当たり前の戦略ともいえ、信長も当然これを行った。

たとえば天正5（1577）年、上杉謙信と交戦していた信長は、若狭湾《わかさわん》を航行する廻船などに対して、謙信領への米の搬入を禁止している（「溝口文書」より）。また柴田勝家《しばたかついえ》も、三国港《みくに》の問丸《といまる》（流通の元締め）の森田氏に、越後、越中《えっちゅう》、能登の3カ国に入船する船を留めさせている。

以上のように、信長による「堺、大津、草津の確保」により、東日本の大名は軍需物資の面で圧倒的に不利な立場になったのである。

陸の孤島にいた信玄「火薬が手に入らない！」

信長による経済封鎖に特に弱かった大名は誰かというと、武田信玄である。

信玄の武田領が貧困だったことは前述したが、武田領はもう一つ大きなハンデを抱えていた。それは「陸の孤島」だったということである。

武田領は山に囲まれており、なかなか他国からは攻められにくい地形をしていたが、それだけに、物資の差止めなどは簡単にできたのである。だから隣国は武田に対して、物資を差止める戦略を取ることが多かった。

たとえば、今川と北条が武田と敵対していたとき、相模、伊豆、駿河からの甲州武田領への塩荷の輸送を禁止したことがある。当時の武田領には海がなかったので、塩が取れない。塩の輸送が差止めされれば、領内はたちまち干上がってしまう。武田側から見れば、領土全体で「兵糧攻め」を受けるようなものである。

ともあれ、武田領はとにかく「荷留」という経済封鎖を受けやすい状況にあったのだ。

そして、**武田方がもっとも入手に困ったのは硝石《しょうせき》**だと思われる。

当時、鉄砲の国産は始まっており、輸入品についても商人によって流通していた。堺などの鉄砲鍛冶の中には、自分がつくった鉄砲を諸国で売り歩く者もいた。たとえば「上杉家文書」には、「和泉堺の松右衛門という鉄砲鍛冶が鉄砲を携えて当地にきた」という記述がある。

だから鉄砲自体は、ある程度は、どの戦国武将も入手することができた。信長に堺を押さえられたとしても、他の地域でつくられたものもあるし、以前に購入していた備蓄もあるはずだ。武田方としても、鉄砲がまったく装備できなくなったわけではない。

しかし鉄砲を用いるには火薬の原料として、硝石が必要となる。実はこの硝石の入手が非常に難しかったのだ。

硝石はまだ国産化されておらず（国産化されるのは1580年代くらいとされている）、ほとんどを中国や南蛮からの輸入に頼っていた。そして、中国、南蛮からの船が入ってくる最東の港が、堺だったのである。つまり、信長が堺を押さえた時点で、東日本の大名は、弾薬の原料となる硝石の入手が非常に困難になったということである。もちろん、武田もそうだったはずだ。

信長が堺でどの程度の「荷留」をしていたかを示す明確な記録はない。しかし、武田軍が、軍需物資の入手に苦労したことについては、いくつかの記録が残っている。たとえば、長篠の戦いの少し前ごろ、武田信玄の甥の穴山梅雪《あなやまばいせつ》が配下の商人にこういう命令を下している。

「敵方の手下のようなふりをして敵の商人と取引せよ。うまく鉄や鉄砲を購入できれば、輸送のための馬は200頭でも300頭でも用意する」

武田方が鉄や鉄砲の不足をなんとしても解消しようとする様子が見て取れるエピソードである。すでに信玄の時代から、武田方が鉄砲や弾薬の調達に相当の苦労をしたことは間違いない。

「もし信玄の寿命がもう少し長ければ……」への反論

武田信玄は、元亀３（１５７２）年10月、将軍足利義昭の求めに応じて、西上作戦を決行する。三河の徳川領を侵攻し、信長との全面対決に踏み切ったのだ。

当時の信長は朝倉、浅井とも交戦中で、石山本願寺などの仏教勢力とも敵対しており、ここで信玄が西上してくれれば相当のダメージを受けるはずだった。しかし、ギリギリのところで信玄が病により客死してしまう。

もし信玄の寿命がもう少し長ければ、信長も危なかったのではないか――そういうことをいう歴史家も多い。しかし、経済観点から見ると、それは決して妥当な見方ではない。

というのも、このときに追い詰められていたのは、信長ではなく、信玄のほうだったからだ。

これまで述べてきたように、信玄は、信長から経済封鎖を受けていたと思われる。そのため、このまま座していれば信長との差は開く一方である。もし、朝倉、浅井、本願寺を信長が片づけてしまえば、次は間違いなく武田が標的になるはずだった。そうなったとき武田に勝ち目はない。信玄としては、「今、立たなければ死すのみ」という状況だったのではないだろうか。

だからこそ、病をおして無理な進軍を行ったのではないか、ということである。

信玄が無理をして出陣したことは、「甲陽軍鑑」からも窺い知ることができる。

「信玄公が西上作戦を企てたとき、軍資金のために後家役（未亡人にかける税）や出家の妻帯役（出家した僧が妻帯したときにかける税）まで、新設したにもかかわらず、7000両しか集まらなかった」（「甲陽軍鑑」品第五十三）

つまり、今まで税をとっていなかった未亡人の家や、妻帯している出家僧にまで税をかけて、戦費を調達しようとしたのに、たった7000両しか集まらなかったということである。当時の貨幣価値では1両が銭3貫程度とされており、7000両ならば銭2万1000貫程度となる。信長が堺一都市に課した矢銭（戦争臨時税）が2万貫である。もちろん、信長は他にも多くの版図を持っており、矢銭を徴収しようと思えば、その10倍くらいの金額はすぐに調達できるはずだ。一方、武田信玄は、領内のすみずみ（未亡人にまで）に税金をかけて、ようやく2万貫なのである。

経済力の差は歴然としている。

経済視点から浮かび上がる「信玄・ボロボロの西上作戦」

そもそもこの西上作戦には、不可解な点がたくさんある。どう見ても「回りくどい」戦い方をしているのだ。

まず、信玄は1200名が立て籠もる二俣《ふたまた》城を落とすのに2カ月も要している。また500名程度の城兵しかいなかった野田城を落とすのには1カ月もかかっている。武田軍は3万人であり、この程度の城兵であれば普通は力攻めで一気に落とせるはずである。それにもかかわらず、野田城においては力攻めではなく、水の手を絶つという回りくどい方法をとっている。だからこそ城兵が数百名しかないのに、降伏させるまで1カ月も要したのである。

しかも、武田軍は家康の支城はいくつか落としたが、本城である浜松城は落としていない。それどころか、攻城戦の気配さえ見せていない。

また、信玄軍が甲府を発ったのは、元亀3（1572）年の10月である。そして信玄が陣中で死去するのはその半年後の元亀4（1573）年4月のこと。半年もの間、なぜ三河付近をうろうろしていたのか、という疑問もある。スピーディーさを旨としていた信長軍とは好対照だ。

もし信玄が兵力に自信を持っていたならば、一心不乱に京都を目指したはずである。京都では足利義昭が兵を挙げており、信長軍と対峙していた。信玄は、信長軍を背後から衝くために進軍したのだから、当初の目的を即座に敢行するべきだったはずだ。甲府から京都までは1カ月もあれば十分なのだから、周囲の勢力を蹴散らしながら、すぐに京都に入ることは十分に可能だったはずだ。信玄は、なぜそれをしなかったのか？

おそらく、**「しなかった」**のではなく、**「できなかった」**のではないだろうか。

わずかな城兵しかいない家康の支城を落とすのでさえ何カ月もかかっているの

だ。家康の居城である浜松城を落とすのは、不可能だったはずだ。ましてや信長領内の清須城や岐阜城を落とすことなどは、絶対に無理である。そういう状況で、とても京都に進軍することなどできなかったのではないだろうか。

なぜ信玄が「一気に攻め進む」ことができず、時間のかかる「回りくどい作戦」を取ることしかできなかったのか——これは戦国史の謎の一つとされてきた。

「信玄の病気のせいだ」などとも言われてきたが、野田城のときはすでに城を囲んでいたのだから、信玄が病気であろうとなかろうと、後は攻めるだけであり、大勢に影響はなかったはずだ。

ここで**経済視点から眺めてみると、その謎が解けてくる**のである。

信玄軍は、経済的な理由から、装備が不十分だった。ありていにいえば、「お金がなかったので、攻め続ける力が足りなかった」のだ。

人数の多さで押し切ることができる野戦ならばともかく、鉄砲、火薬など多くの兵器を必要とする攻城戦の場合は、装備の不足が如実にあらわれる。それが、野田城の攻略に1カ月もかかった理由であり、ひいては信玄が京都まで進軍できなかった最大の理由ではないだろうか。

信長の行動からもそのことは読み取れる。信長は信玄の西上作戦については、それほど手当はしなかった。家康に対してわずかな援軍を送っただけだったのだ。

もし家康が信玄に敗れれば、信長は背後から武田軍に衝かれるはずだった。にもかかわらず、ほとんど対応をしていないというのは、**信長が「信玄は浜松城を落とせない」と見抜いていた**からではないだろうか。

信玄が浜松城を落とさずに、そのまま京都に進軍することは難しい。背後から家康に衝かれる恐れがあるからだ。だから信長は、放っておいても信玄が京都まで攻め込んでくることはない、と踏んでいたのだろう。

「信玄が死んだから信長は助かった」というより、「信玄の焦りが自分の死期を早めた」というのが、妥当な見方ではないだろうか。

第6章 〝血と欲望〟にまみれた南蛮貿易の収支決算

南蛮貿易が日本経済の趨勢を握っていた

日本の戦国時代と、ヨーロッパの大航海時代は、時期がほぼ重なる。
つまり、ヨーロッパの船が世界中の海に乗り出した頃、日本では戦国大名たちが覇権を争っていたのである。

ポルトガル船が種子島に漂着したのは、戦国時代のちょうど真ん中の天文12（1543）年。それから、豊臣秀吉のバテレン追放令が出されるまでの半世紀の間、ポルトガル、スペインなどのいわゆる南蛮船は、日本各地で盛んに交易を行った。これが、戦国時代の日本経済の大きな特徴のひとつである「南蛮貿易」だ。

南蛮貿易というと、ヨーロッパの珍しい産品を運んでくる「特別な貿易」であり、それらの「舶来品」を手にするのは、一部の大大名や富豪商人に限られていたようなイメージがある。しかし、実態は決してそうではなかった。南蛮貿易でもたらされた輸入品は、当時の日本社会に深く入り込んでいたのだ。

特に武器、軍需物資は、各地の諸大名にとっては不可欠なものだった。

前述のように、鉄砲の製造はすでに日本でも行われていたが、鉄砲の弾丸に使われる鉛や、弾薬の原料となる硝石などは、当時の日本では生産できなかった。つまり南蛮貿易を介さなければ、鉄砲の弾薬、火薬の原料が手に入らなかったのだ。

当時の南蛮貿易は、戦国大名たちの鉄砲に関する軍需物資を事実上、独占的に商っていたといえるのだ。

南蛮船の目的は〝金儲け〟だけではなかった

そもそも南蛮船は、なぜはるばるヨーロッパからアジアの地まで来ていたのか？

まだ航海術も発達していない中で、危険を冒してアジアの果てまでやってくるのである。相当の理由がなければできることではない。

もちろん、交易で「金儲けをしたい」というのが南蛮船商人たちの大きな動機ではある。南蛮船による1回の貿易で莫大な富が転がり込んでくるからだ。

当時の日本とポルトガル貿易の取引額は、１５７０年代から１６３０年代までに２９０万〜４４０万クルサドに達していた（『流通経済史』山川出版社）。これは米の代金にして２００万石から４００万石分くらいに相当するものであり、徳川政権の1年分の年貢収入に匹敵するほどの額である。南蛮貿易にはそれほど利があったものなのであり、それが大きな魅力だったことは間違いない。

だが、彼らにはもう一つ重要な動機があった。

それは「キリスト教の布教」である。スペイン、ポルトガルによる各地への〝大航海〟は、キリスト教布教が大きな動機になっているのだ。

15世紀、ポルトガル、スペインは、羅針盤、造船技術の発達により、世界各地への航路を開拓した。コロンブス、バスコ・ダ・ガマなどで有名な大航海時代の到来である。そしてこの大航海時代は、ポルトガルのエンリケ航海王子などの国家的スポンサーなしではあり得なかった。つまり**彼らの大航海は「国家事業」でもあった。**

そしてこの国家事業には、キリスト教の布教が付随していたのだ。

ローマ教皇はポルトガルとスペインに対し、世界中にキリスト教を布教することを命じた。この命により両国は、世界中に植民地を持つ代償として、各地に宣教師を派遣し、教会を建設する義務を負ったのである。その結果、両国が版図を広げるごとに、キリスト教の布教も広がることになったのだ。

「キリスト教の布教」と「貿易」は、表裏一体のものだった。

宣教師が各地に派遣されると、商人たちも帯同し、交易を行った。その交易で得た利益の一部が教会に還元され、教会はその収益で宣教師をさらに各地に派遣するというシステムになっていたのだ。

南蛮船は日本に来たときも、取引を行う条件として必ずキリスト教の布教許可を求めた。

「私たちと貿易したいのなら、キリスト教の布教を許可してください」

ということである。

南蛮船と交易をするために、諸大名たちはキリスト教の布教を認めた。そのため、この時期に日本でキリスト教が爆発的に広がるのである。

東南アジア一帯の貿易を担ったポルトガル

南蛮貿易と聞くと、「ヨーロッパで物資を積んでから、はるばる日本にやってくる」というイメージがあるかもしれないが、そうではない。南蛮船のほとんどは、マカオや中国の港で積んだ物資を持ってきていた。一部ヨーロッパからの物資もあったが、積み荷の大半はアジアで調達されたものだったのだ。

アジアの産品を南蛮船が持ってきていたのには、理由がある。

それは、「倭寇《わこう》」の存在だ。

南蛮船の登場以前、日本の海外貿易は倭寇が支配していた。だが、明政府の強力な鎮圧により16世紀には倭寇の勢力は急速に衰える。そして、この**倭寇の鎮圧に力を貸していたのがポルトガルだったた**のである。

ポルトガルは、永正7（1510）年にインドのゴアを占領、翌年にはマラッカをも占領し、東南アジアでの本格的な貿易に乗り出した。永正14（1517）年には明と通商関係を結び、弘治3（1557）年には、海賊を討伐した報償として明からマカオへの居住を認められた。そうしてマカオを拠点にして、日本も含めた東南アジア一帯での貿易を行うようになったのだ。

つまり**ポルトガルは、倭寇に代わって日本の海外貿易を担うようになった**といえる。

次々にキリスト教布教を許可する諸大名の思惑

南蛮船は、キリスト教の布教を許可してくれる港を選んで入港していた。だから諸大名たちはこぞってキリスト教の布教を許可している。戦国時代前半、西日本の雄だった大内義隆《おおうちよしたか》も、いち早くキリスト教の布教を許可した。

大内義隆のもとには、かのフランシスコ・ザビエルが訪れている。ザビエルは、大大名だった大内義隆の許可を得られればキリスト教の布教が進むと考えて、大内の本拠だった山口に赴いたのだ。

大内義隆は、ザビエルと2回謁見した。一度目のときはザビエルが見すぼらしい身なりをし、また「不倫の不道徳」を説いたことで、大内が拒絶反応を示したという。当時の大名家では子孫を絶やさないことが第一義だとされ、何人かの側室を置くのは当たり前とされていたからだ。

しかし、二回目のときにはザビエル側も配慮し、新調した絹の司祭服を着て、インド総督の親書と親善のしるしとして置き時計、ポルトガルの服、火縄銃、オルガンに似た鍵盤《けんばん》楽器など、たくさんの贈り物を持参した。

大内義隆は贈り物を大変喜び、返礼としてたくさんの金銀をつかわそうとしたが、ザビエルはそれを断り、代わりに山口領内での布教を許してほしいと願い出た。大内はその申し出を許し、領内に「キリスト教に入信したい者は、許す」というおふれを出した。

また大内義隆は、ザビエルたちの居住用に大道寺という寺院を与えている。大道寺の敷地は広大で、天主堂や墓地をつくるスペースもあった。この大道寺は、現在の山口の陸上自衛隊の演習場の中にあったと見られている。

大内義隆への二回目の謁見の際、ザビエルはインド総督、ゴアの司教からの信任状も持ってきていた。それを見た大内は、「返礼としてインドに使節を送る」と言っている。前回とは打って変わった歓待だったようだ。

その後、キリスト教の布教を許可する大名たちが続々と増えていった。大友宗《おおともそう》麟《りん》、小西行長《こにしゆきなが》なども、かなり早い段階でキリスト教に理解を示している。

かの信長もイエズス会に非常に寛容だった。信長はイエズス会の宣教師フロイスに謁見し、布教や教会建設の許可を与えている。また教会建設のための場所や資材の提供にも便宜を図っている。しかし、その最大の目的は、南蛮船の誘致だったのである。

「キリシタン大名」大友宗麟が手に入れたかったもの

ここでキリシタン大名の典型的な例を一つ紹介したい。

大友家は豊後《ぶんご》地方を領有する有力な守護大名で、昔から博多にも進出し、貿易による利益を得ていた。豊後の沖の浜（現大分県）には時々、中国のジャンク船などが乗り入れ、その中にはポルトガル人が混ざっていることもあった。若き宗麟は、ポルトガルとも貿易をしたいと考えていた。

しかしポルトガルは、キリスト教の布教を貿易の条件としていたので、宗麟は宣教師を受け入れる必要があった。そのため、天文20（1551）年夏、山口で布教していたザビエルをわざわざ呼びよせている。大友宗麟はこのとき21歳、家督を継いだばかりだった。

大友宗麟はザビエルを歓待し、キリスト教の話を熱心に聞いた。そして沖の浜に住居を与え、領内での布教を許した。しかし、ザビエルは豊後には長く居られなかった。イエズス会との連絡が2年以上途絶えていたので、一旦、インドに戻ろうと考えていたのだ。

ザビエルが大友宗麟のもとに暇乞《いとまご》いに行くと、大友宗麟は別れを惜しんだ。宗麟は自分の使節をザビエルに同行させ、貴重な鎧《よろい》などの贈り物と、ポルトガル国王へ友好関係と宣教師の派遣を要請する親書を持たせた。

天文20（1551）年11月15日、ザビエルは豊後の沖の浜から、インドに向けて出発した。洗礼を受けた4人の日本人（ベルナルド、マテウス、ジョアン、アントニオ）も同行することになった。ベルナルドとマテウスはヨーロッパまで行き、ジヨアンとアントニオは日本に戻ってイエズス会に従事した。

大友宗麟は、その後もキリスト教庇護の姿勢を変えなかった。そのためポルトガルやイエズス会は大友宗麟を信頼し、豊後は一時、キリスト教布教の総本山のようになった。

大友宗麟がザビエルを招いたのは、ポルトガルとの貿易のためという意味合いが大きかった。そのため宗麟は、南蛮貿易によって大きな軍事力を得ることができたのである。戦国大名の中で大砲の製造にいち早く成功したのも大友宗麟だとされているが、これも南蛮貿易による恩恵だといえる。

また、宗麟は軍需物資を独占することで敵対する大名に対して優位に立とうとしていた。中国に滞在しているニセアの司教に宛て、対立している山口の毛利元就《もうりもとなり》に硝石の輸出を禁じ、自分に毎年良質の硝石200斤を積んできてくれるよう依頼している。その翌年には同じニセアの司教に、マカオ総督から贈られた大砲一門がマラッカの海で沈んだことを不運とし、再び大砲を送るよう依頼している。

宗麟はポルトガルをまるで〝軍需物資の商社〟かのような扱いをしているのである。これも宗麟の領地がキリスト教の総本山になっていたからこそ、できたことだといえるだろう。

では、宗麟はまったく利得のみを目当てにキリスト教に接していたかというと、そうでもないようだ。宗麟はザビエルなどと接するうちに、キリスト教への関心がかなり深まったようである。

ただ、大友宗麟自身はなかなか洗礼を受けなかった。家臣たちの多くは仏教徒であり、領民のほとんども仏教に帰依していたからだ。領内の安泰を考えたとき、領主がキリスト教に入信するわけにはいかなかったのである。そもそも宗麟という名は法名であり、領内の仏教徒に配慮して名乗っていたのである。

ザビエル来訪から27年後、家督を譲与した後に、大友宗麟はようやく洗礼を受けた。そして、領内にいくつもの教会やキリスト教の学校を建てるなど、自らキリスト教の布教に没頭した。宗麟はザビエルへの敬愛を終生持ち続けたようで、洗礼名はザビエルにちなんでフランシスコとしている。

信長の南蛮貿易――「手を下さず、利益を得る」法

ところで、意外に思われるかもしれないが、**織田信長は実は南蛮貿易を行っていない。**

織田信長も南蛮貿易のメリットは知っていたはずである。前述したように、信長は宣教師たちに布教の便宜を図っていたし、それはもちろん南蛮貿易を期待してのことである。しかし信長が南蛮貿易を直接行ったという記録は残っていないのだ。

とはいえ、信長が南蛮貿易によるメリットを享受していなかったかというと、そうではないだろう。信長はどこからか南蛮貿易による品物を手に入れているらしく、宣教師ルイス・フロイスの報告によると、

「緋のカッパおよびカバヤ（広袖の上衣）・ビロードの頭巾に羽・ガラサの聖母のメダルを付けたもの・紅色の朱珍《しゅちん》の織物・コルドバの茶・砂時計・日時計・蠟燭《ろうそく》・シナの羊の皮・猟虎《らっこ》の着物・精巧なガラス器などが、大きな箱に充満していた」

という。これはどういうことかというと、**信長は南蛮貿易に直接携わってはいな**

かったが、堺の商人たちを押さえていたのだ。堺の豪商たちが、こぞって信長に贈り物をしたため、これほど多くの南蛮貿易品を手にしていたのだろう。

南蛮貿易は、堺の商人たちによって取り仕切られている部分が大きかったので、結果的に信長は南蛮貿易を仕切っているのと同様の恩恵を享受していたのだ。信長は、間接的に南蛮貿易を支配していたともいえる。

また柴田勝家はイエズス会の宣教師フロイスが越前に来たとき、「越前にも南蛮船を派遣してほしい。もし必要なら南蛮人に１５０貫目から２００貫目くらいの資金を貸す用意がある」と伝えている。秀吉も天下をとったあとには、南蛮船の生糸貿易を独占しようとして、長崎に代官を派遣したこともあった。

信長の〝教え子〟たちのこれらの行動を見ても、信長が南蛮貿易でかなりの実利を得ていたことは間違いない。

なぜ隠れキリシタンが生まれたのか

平戸、天草地方には、隠れキリシタンが現在でも多数存在する。なぜこの地域に隠れキリシタンが多いのだろうか？

それには戦国大名たちの経済戦略が大きく関係しているのだ。

平戸は九州の西端の島で、古くから貿易港として栄えていた。戦国時代当時も、明や朝鮮からの船が入港する日本有数の貿易港だった。

平戸の領主松浦隆信《まつらたかのぶ》は貿易で利をあげることを考え、王直《おうちょく》という明の海賊を平戸に招へいした。王直は倭寇を束ね、明との密貿易（当時、明は貿易を禁じていた）を手広く行っていた。ルソン（フィリピン）、アンナン（ベトナム）、シャム（タイ）、マラッカ（マレーシア）などとの交易も行い、〝東南アジアの海上王〟のような存在だった。

松浦隆信は王直を厚遇し、自分の屋敷のあった土地を王直に与えた。そこには中国風の豪勢な建物がつくられた。すると、明や朝鮮の船が、王直を頼って平戸に寄港するようになった。

そしてポルトガル船までもが、王直の手引きによって来航するようになる。ポルトガルとの交易もしたかった松浦隆信は、当然、ポルトガル人も歓待した。かのザビエルが、最初に本格的に布教活動に乗り出したのも、この平戸なのである。

松浦はキリスト教の布教を庇護し、さらに重臣の籠手田《こてだ》氏をキリスト教に入信させた。松浦隆信自身は、さすがに入信はできなかった（仏教勢力との兼ね合いもあり）ので、代わりに籠手田氏を差し出したということである。そして籠手田氏の領民たちにも布教を許したため、籠手田氏の領民を中心にキリスト教徒が急増したのである。

当時、こういう大名はけっこういた。熊本でもキリシタン大名の小西行長が領主になったときにキリスト教を保護したため、天草などではキリシタンが急増している。

そうして彼らが、江戸時代に入って隠れキリシタンになるのだ。

平戸の籠手田氏の領地に根獅子《ねしこ》という地域がある。根獅子は平戸港から20キロほど離れた海岸沿いの集落で、ザビエル自身が船で訪れたという言い伝えもあり、平戸でも特にキリスト教徒が多かった場所である。当時、根獅子一帯がキリシタンになっていたといわれている。

しかし、ご存じのように、豊臣秀吉、徳川家康の時代になると、キリスト教は禁教となる。そのため根獅子では、集落をあげて隠れキリシタンになった。村の組織と、キリシタンの組織をリンクさせ、村全体が一帯となって信仰を守る体制をつくったのだ。辻家という世話役がいて、その下に7名の水役（洗礼を受けさせる役目）がいた。それは外部からは通常の村の組織のように見えた。

この隠れキリシタン組織は、江戸時代はおろか平成になるまで存続していた（平成4年に後継者不足のために解散している）。

江戸時代の約260年の間で隠れキリシタンには独特の文化が培われており、明治維新でキリスト教が解禁になっても、もはやカトリック教会にはなじめなかった。そのため平戸の根獅子は、日本において最後までキリシタン文化を残した地域とされている。

また、隠れキリシタンのなかでは、「隠すこと」「隠れること」が信仰の一環となっているため、現在でも信仰の内容をなかなか明らかにしたがらないし、キリシタンであることを隠している人（家）も多い。根獅子にはキリシタン資料館があるが、その展示物の多くは他の地域から取り寄せられたものだという。

第7章 比叡山フィナンシャル・グループ「年利は48〜72％です」

寺社は巨大な〝財閥勢力〟だった

戦国時代に力を持っていたのは武家だけではない。もう一つ、巨大な勢力があった。

それは「寺社勢力」である。

「お寺が、なぜ？」と思われるかもしれないが、この「寺社勢力」というのは、我々が知っている静謐なイメージの「お寺」とは、かなり違うものだ。**当時の仏教は、国の政治経済の中枢を握る「特権階級」を生んでおり、極端にいえば社会の中**

心ともいえる存在だったのである。

当時の寺社は、莫大な財を持っていた。強力な武力も保持していた。しかも、彼らは治外法権のような特権を持っており、その広大な敷地内は独立国家の様相を呈していた。

幕府や守護大名も、おいそれとは手出しができない「戦闘国家」だったのである。戦国時代の寺社は、信長に焼き討ちされたことなどから、「迫害されていた」というイメージが強い。ただ、その「信長による焼き討ち」が行われたことにしても、単なる宗教迫害などでは決してなかったのである。

どういうことか。

まず、寺社勢力が持っていた「お金の力」から見ていこう。

信じ難いことに**室町時代から戦国時代前半にかけて、日本の資産の大半は寺社が所有**していたのだ。

たとえば、現在わかっているだけで比叡山の荘園の数は285カ所を数える。比叡山の古記録は信長の焼き討ちのときにほとんどが失われており、荘園の記録も多くが不明になっているにもかかわらず、これだけの数の荘園が判明しているのである。実際の数は、それをはるかに超えていたと思われる。現存する記録からみて、近江の荘園の４割、若狭の３割は比叡山の延暦寺関係のものだったと推測される。また、比叡山の荘園は近江や近畿ばかりではなく、北陸、山陰、九州にまで分布していた。

比叡山は農地だけではなく、京都の繁華街にも広い領地を持っていた。

京都・五条町に３ヘクタールもの領地を持っていたことがわかっているのだ。これは後醍醐天皇の二条富小路内裏と足利尊氏邸を合わせた面積よりも、さらに広いのである。当時の京都というのは、日本の首都であり、日本一の繁華街でもある。今でいうならば、銀座、渋谷あたりということになるだろう。そこに３ヘクタールもの土地を持っているのだから、地子銭《じしせん》（地代）だけで相当な額に上ったはずである。

広大な領地を持っていたのは比叡山だけではない。ほかの寺社も、日本全国に相当な荘園を持っていた。たとえば紀伊国（現和歌山県）では、水田面積の８〜９割が寺社の領地だったとされている。大和（現奈良県）では、興福寺、東大寺、多武《とうの》峯《みね》、高野山、金峯山《きんぷせん》など、寺社の領地でない土地はないというほどだった（『寺社勢力の中世』伊藤正敏著・ちくま新書)。大和は室町幕府が代官を置くことができない地域となっていたのだ。

寺社勢力の「お金の力」を物語るものは、他にもある。

永正5(1508)年、管領の細川高国《ほそかわたかくに》が通貨に関する新しい命令「撰銭令《えりぜにれい》」を発した。撰銭令というのは、欠けたり焼けたりした粗悪銭の取り扱いについて定めた法令である。前述のように当時は粗悪銭が増えており、その取扱いがまちまちだったため、流通に支障をきたしていたのだ。

この撰銭令は当時の日本の8つの金持ち団体に対して発せられた。最初に8つの大金持ちに発布することで、全国の経済に影響を及ぼそうと考えたのである。

この8つの大金持ち団体は当時の経済社会の中心だったということであり、戦国時代の〝八大財閥〟といえるだろう。この8つの金持ち団体は、次の通りである。

・大山崎(自治都市)　・細川高国
・堺(自治都市)　・**山門使節《さんもんしせつ》**
・**青蓮院《しょうれんいん》**　・**興福寺**

・比叡山三塔
・大内義興《おおうちよしおき》

これら８つの団体のうち、山門使節、青蓮院、興福寺、比叡山三塔の４つが寺社関連である。つまり、戦国時代の日本の八大財閥の半分は、寺社だったというわけだ。

しかも、４つの寺社関連のうち３つ（山門使節、青蓮院、比叡山三塔）は比叡山延暦寺関連なのである。つまり、比叡山延暦寺は日本の八大財閥のうち３つを占める日本最大の財閥だったのだ。

寺社勢力、比叡山延暦寺がどれほどの財力、権勢を持っていたか、ということである。

お寺にここまで「お金が集まった」理由

なぜ寺社はこのような莫大な財力を持つことができたのか？

中世から**寺社は、農地や金銭などの寄進を受け、それが荘園となっていた。**その荘園だけで相当な広さになった。

寺社がそれほど寄進を受けていたのは、当時の人々にとって寺社は「神の使い」であり、多くの人は「寺社に寄進をすれば救われる」と考えていたからだ。たとえば、京都の日蓮宗の16寺の会合（十六本山会合）の記録では、天正4（1576）年に檀家《だんか》に勧進（寄付）を募ったとき、わずか10日で銭1200貫文が集まったという。1200貫文というのは、米にすると1000石前後となる。それがわずか10日で集められるのである。

彼らはその**広大な荘園を利用し、貸金業も行っていた。**荘園から取れる米や寄進された米は、寺社だけでは消費しきれない。そのため、余った米を「出挙《すいこ》」として高利で貸し出していたのだ。

出挙というのは、そもそもは国が貧しい農民に種籾《たねもみ》を貸し出し、秋に利息をつけて返還させたことに端を発している制度だ。当初の制度目的は「貧民対策」だったのだが、次第に「利息収入」に重きが置かれるようになり、いつの間にか国家の「重要な財源」となった。そのうち、私的に出挙を行う者も出てきて、それは「私《し》出挙《すいこ》」と呼ばれた。この私出挙は、利息が非常に高かった。つまりは高利貸しである。

　この高利貸しを大々的に行っていたのが寺社勢力であり、その中でも比叡山は中心的な存在だったのだ。

“悪徳高利貸し”比叡山延暦寺の法外な利息

　戦国時代の比叡山延暦寺は、日本最大の金貸業者だった。しかもその営業方法は非常に悪辣《あくらつ》だった。高い利息をつけ、延滞すれば容赦なく取り立てていたのだ。

延暦寺が金貸しに携わるようになったのは、かなり以前からである。

延暦寺の守護神社である日吉大社は、古代から「私出挙」を行っていた。日吉大社は、「古事記」にもその記述がある由緒ある比叡山の神社である。そして延暦寺と日吉大社は、経済的にも深いつながりがあった。というより、両者は表裏一体の存在だった。延暦寺は日吉大社の経済的なバックボーンとなり、日吉大社はそれにより私出挙を大々的に行っていたのだ。

日吉大社は神人《じんにん》たちを全国に派遣し、私出挙のあっせんを行っていた。神人というのは建前の上では「神の使い」だが、要はセールスマンである。「日吉大社の稲を借りなさい」と、公卿《くぎょう》から物売り女にいたる、あらゆる階層にセールスして回るのである。

中世になり貨幣経済が発達してくると、稲を貸すのではなく、お金を貸す本格的な貸金業が行われるようになった。もちろん、比叡山延暦寺と日吉大社は、貸金業においても主役となる。彼らはその圧倒的な財力を駆使し、日本最大の貸金業者となったのだ。

当時の貸金業は、「土倉《どそう》」と呼ばれた。土倉は今でいう質屋とほぼ同様のものである。質草《しちぐさ》をとってお金を貸すのだが、質草を保管するのが土倉であることが多かったので、土倉と呼ばれるようになったのだ。

京都の土倉の8割は、比叡山、日吉大社の関連グループだったとされている。当時の京都は日本の首都であり、政治経済の中心地である。また貸金業というのは、当時は金融業の中心的存在であった。つまりは、**比叡山グループは、日本の首都の金融を握っていた**といえるのだ。現在に置き換えるならば、東京の金融の8割を独占する企業ということになる。どれだけ巨大な存在かわかるだろう。

しかも、比叡山グループが勢力を持っていたのは京都だけではない。全国展開していたのだ。首都だけでなく、「比叡山は、日本全国の金融を握っていた」と言っても過言はないだろう。

比叡山の土倉は、「山の土倉」などと呼ばれていた。山というのは比叡山のことである。また単に「土倉」と呼ばれることもあった。もはや比叡山は土倉の代名詞でもあったのだ。

そして、この比叡山の土倉業務は、かなり悪質なものだった。

まず利息が非常に高い。**〝ごく標準的な利息〟が年利48〜72％だった**という。現代の消費者金融をはるかにしのぐ超高利貸しである。

未払いになったときの取り立ても熾烈《しれつ》なものだった。武装した取立人たちが、家、屋敷の中に乱入し、「金を返さなければ罰が当たる」と脅して、強硬に金を奪っていった。１３７０年には、比叡山の債権取り立て人が公家の家に押し入ることを禁止する令が出されている。逆にいえば、それまで彼らは公家の家にも押し入っていたということである。

借金が払えずに、田畑を売り渡すものも続出した。京都周辺には、借金のかたに取られた零細な田が点在し、それは日吉田《ひえでん》と呼ばれた。

まさにやりたい放題というところだった。

しかも、金貸しをしている寺社は比叡山だけではなかった。比叡山にならって各地の寺社が土倉業を行っていたのだ。明確なデータはないのだが、中世の金貸業のほとんどは寺社が関与していたのではないか、とされている。

酒・麴・油……寺社が〝商工業の中枢〟も握る

寺社が勢力をもっていたのは金融関係（金貸業）だけではない。

商工業の中枢も握っていた。

つまり、経済全体を寺社が握っていたのである。

当時の商業というのは、常設店舗を持って行われることはあまりなかった。定期的に開かれる「市」が商業の中心だったのである。この「市」に対して寺社は強い影響力を持っていたのだ。

まず、「市」は寺社の縁日に境内で開かれることが多かった。人が多く集まる場所であり、広い土地も確保できるからだ。

また、「市」の開催自体、寺社が取り仕切っていた。市に出店するには、寺社の許可がいるし、当然、地子銭《じしせん》（地代）が発生する。その利権は莫大なものがあった。

寺社は、市を取り仕切るうちに、だんだん商品流通そのものを支配するようになる。朝廷や幕府にはたらきかけて独占販売権を入手したり、座をつくって他業者を締め出したりするようになったのだ。

当時、絹、酒、麴《こうじ》、油などの重要な商品は、ことごとく寺社によって牛耳られていた。酒は比叡山が、織物は祇園社が、麴は北野社が、油は南禅寺《なんぜんじ》が大きなシェアを持っていたといわれている。

寺社同士で、利権争いをし、それが騒動に発展することもあった。

たとえば、「文安の麴騒動」である。これは、酒の麴を巡ってシェア争いをしていた比叡山と北野社が、お互いを訴える騒動に発展したものである。

麹は酒の原料であり、需要の大きい、なおかつ貴重な商品だった。北野社は幕府に働きかけ、応永26（1419）年、麹の独占製造販売権を手に入れた。すべての麹は北野社から購入することが義務付けられたのだ。もちろん他の寺社は反発した。その中心となったのが比叡山だった。比叡山も幕府に働きかけ、文安元（1444）年にようやくこの独占状態は解除された。

北野社は、もとはといえば比叡山の末寺である。つまり、同じグループ内の企業が、重要商品の販売を巡って対立していたわけである。

ともあれ、日本の商業の中心産品のほとんどは寺社が取り仕切っていたのだ。それは極めて閉鎖的なものでもあった。寺社の息のかかった業者だけが、その産品を扱い、市に参加することができたのだ。

信長などが楽市楽座をつくったのも、寺社によって閉鎖された商業を解放しようという意図もあったのだ。

なぜ「財力のある僧」が多かったのか

ここまで読んでこられて、「これでは信長に焼き討ちされたとしても仕方がない」と思った方も多いはずだ。そして、「むしろ、信長以外の為政者たちは、なぜこれまで焼き討ちをしなかったのか」とさえ考える人もいるだろう。

もちろん、信長以外の為政者も、寺社のことは快く思っていなかった。たとえば平安時代の末期の白河上皇は、世の中で思い通りにならないものを次の三つとしている（天下三不如意）。

・賀茂《かも》川の水
・サイコロの目
・比叡山の僧

賀茂川の水は、いつも氾濫して洪水を起こすので、当時の京都の人々の悩みの種だった。サイコロの目は当然のことながら、思い通りにならない。まあ、この二つは、次の三つ目への前フリである。この話のオチとして、「比叡山の僧は、意のままにならない」としているのだ。つまり、この話自体が、比叡山の僧の傍若無人な振る舞いを嘆いたものなのである。

寺社というものは、平安時代にはすでに手の付けられない存在となっていたのだが、武士の世になると、ますますエスカレートしていた。鎌倉時代の初期の歌人、藤原定家《ふじわらのさだいえ》は次のように述べている。

「妻子を帯び、出挙して富裕なるもの、悪事を張行《ちょうぎょう》し、山門（比叡山）に充満す」

つまり延暦寺には、妻を持ち子を作り、高利貸しで巨額の富を蓄えるなどの悪事を働く者が充満している、ということだ。

なぜ寺社がこれほどまでに財力を持ち、政権の言うことも聞かない存在になったのか、というと、**寺社の中には「貴人」が多くいた**からである。

古代から貴族の家においては、世継争いを避けるために次男や三男などを出家させるケースが多かった。そのため有力寺社には「貴人」がけっこういたのである。たとえば、4度も天台座主《ざす》（延暦寺の最高責任者）の地位についた慈円大僧正《じえんだいそうじょう》は、摂政関白・藤原忠通《ただみち》の子だった。

武家の世になっても、そのような慣習は続いた。室町幕府の第6代将軍足利義教《あしかがよしのり》は、もともとは延暦寺に入れられて僧になっていたのだ。しかも彼も天台座主にまで上り詰めていた（ちなみに足利義教は将軍に就任してからは寺社が勢力を持つことを嫌い、比叡山勢力と対決したこともあった）。

つまりは、寺社には有力貴族や有力武家の子弟が多々在籍していたのである。また、高貴な家柄の子どもの場合、家から大きな支援を受けることも多い。多額の金品を贈られたり、荘園を与えられたりして、それがまた寺社の勢力拡大に結び付いたのである。

そのため、政権といえども、厳しい口出しができないような状態が生まれたのだ。

寺社の横暴に我慢ができなくなって焼き討ちしたのは、実は信長が最初ではない。

信長の比叡山焼き討ちから遡《さかのぼ》ること140年前にも、為政者による比叡山焼き討ちが行われているのである。

それを行ったのは、幼少期に寺社に預けられ、後に将軍となった前述の6代将軍足利義教である。もともと寺社にいただけに、寺社の嫌な部分をよく知っていたのだろう。

当時の寺社は、「強訴《ごうそ》」という強硬手段を使い、たびたび政権や世間に揺さぶりをかけていた。強訴というのは、寺社が〝神罰〟や武力をふりかざして、政権に対して強い要求をすることである。武力を伴ったデモ行進のようなものである。

足利義教は、この度重なる強訴に業を煮やし、琵琶湖と西近江路を封鎖し、比叡山ふもとの坂本の町を焼き払ったのである。

このときは延暦寺側が降伏し、一応、事は収まった。しかし、延暦寺の「横暴な態度」がこれで収まることはなく、すぐに元に戻ってしまう。そして、室町幕府の権威の低下とともに、手の付けられないような状況になっていった。信長の登場まで、それは続いていたのだ。

第8章 〝集金レジャーランド〟としての安土城

「安土」という地に城を築く、これだけの利点

織田信長はなぜ安土という地に城をつくり、「首都」にしようと思ったのか？

現代における安土の周辺地域は、都心からは離れ、湖畔にある風光明媚な地方都市といった印象であり、街の規模としても決して大きくはない。現代人からすれば信長は、「京都から離れた辺鄙《へんぴ》なところに、新しい都市をつくった」などと評価されがちである。

しかし、それは誤解である。顧みられることがあまりないのだが、当時の安土地

区は、非常に〝進んだ〟地域だったのだ。戦国時代、日本でもっとも繁華な商工業地域だったと言ってもいい。

商工業の規模としては、京都や奈良よりも大きかったと思われる。しかも、近江における交通の要衝の地でもあった。明治22（1889）年に東海道線（鉄道）が敷かれるまでは、琵琶湖の水運は西日本と東日本を結ぶ日本の大動脈だった。

そもそも近江は、歴史的に由緒ある土地である。一時的にではあるが、首都だったこともあるのだ。

天智《てんじ》天皇の時代、日本は朝鮮半島の百済《くだら》と同盟を結び、唐と新羅《しらぎ》の連合軍に対して戦いを挑んだ。しかし天智2（663）年、白村江《はくそんこう》の戦いで大敗し、国家存亡の危機を迎えた。唐の侵攻を恐れた朝廷は天智6（667）年、臨戦態勢を整えるため交通の便のいい近江大津に都を移した。壬申《じんしん》の乱の後に都が飛鳥《あすか》に戻されるまでの5年間は、近江大津は日本の首都だったのである。

そしてその時期に、近江は商工業都市として大きく発展した。

白村江の戦いの後、日本は百済から多くの亡命者を受け入れたが、その多くは近江に住んだとされている。「日本書紀」には、百済の鬼室集斯《きしつしゅうし》ら700人以上が近江の蒲生《がもう》郡（安土のすぐ近く）に移住したと記されている。これらの人々が、大陸の文化・技術を日本にもたらすことになった。陶工になった者も多い。陶器の製造は当時の最先端技術であったため、近江は一躍、日本の先端工業地域となったのだ。

また、もともと近江は農地に適した豊穣な土地でもあった。太閤検地のときには近江国が78万石で、それは陸奥国に次いで全国2位だった。面積比から見れば、断トツで近江が「豊穣だった」といえる。

そんな豊穣な土地に、百済などからの先進技術が入り、しかも交通の便がいいとなれば栄えないはずはない。近江は南北朝時代すでに「市」の数が18に達しており、日本一の商業地でもあった。

加えて近江地域は、仏教の中心地でもあった。近江の大津で生まれた最澄《さいちょう》は、唐に留学したのち、近江の比叡山に延暦寺を建立する。この比叡山延暦寺は、信長に焼き討ちされるまで、日本の仏教界の中心であり、文化の中心ともなった。法然《ほうねん》、親鸞《しんらん》、日蓮など、日本の仏教をつくってきた人の多くも、若かりし頃には比叡山で修行しているのである。

つまり、**近江は商工業、文化において、日本で最も栄えていた地域だったという**ことだ。その近江地域のど真ん中に、信長は安土城を築いたというわけである。信長は、片田舎に城をつくったのではなく、日本で最先端の都市につくったのである。

金がちりばめられた、極彩色の巨大建築物

安土城が建設された安土山は、標高199メートルで、琵琶湖の湖水面からは約110メートルの高さにある小高い丘のようなものである。そこに本格的な天守閣を擁する巨大な建築物がつくられたのだ。

天正4(1576)年正月に着工され、その3年半後の天正7(1579)年5月には天守閣が完成した。天守閣は、地下(石蔵)1階、地上6階の7階建てで、外観は5層だった。高さは16・5間(約30メートル)で、現在の感覚で言えば、だいたい10階建てのマンションに相当する。当時としては、超高層建築である。

しかも、その配色が異様だった。外壁は各層ごとに、金、青、赤、白、黒に色が

塗り分けられていた。このような極彩色の建物は、日本ではほとんど例がなく、当時の東南アジアにあった建物に似ていたといえる。信長は宣教師たちにインドの建物のことなどを詳しく聞いていたようなので、その影響があったのかもしれない。

最上階の屋根には数個の鬼瓦《おにがわら》が載せられていた。今の我々の感覚からいっても、相当に異様な巨大建築物だ。ましてや当時の人々は、どれだけ驚嘆したかということである。

安土城の座敷はすべて金で装飾され、どの座敷にも狩野永徳《かのうえいとく》が描いた日本各地の名所の写し絵が飾られていた。狩野永徳は戦国時代随一の、というより日本を代表する絵師である。さらに畳は備後《びんご》産で青い織り目があり、縁は高麗縁《こうらいべり》や雲繝縁《うんげんべり》だった。

安土城の特徴でもある「石垣」は、安土近くの穴太《あのう》などの石工たちが担当したとされている。彼らは、加工しない石をそのまま積み上げる方法で、高くて強固な石垣をつくった。この石工たちは安土城の石垣ですっかり有名になり、「穴太衆《あのうしゅう》」と呼ばれて全国の城造りに駆り出されることになった。

安土城は山頂の天守台、本丸、二の丸、東の丸などの諸曲輪《くるわ》から、搦手《からめて》（裏門）

周辺、山腹一帯に点在する側近、重臣たちの邸宅にも、それぞれ石塁《せきるい》が築きあげられていた。石垣の高さは13・2メートルあったという。

現在では、城と石垣は切っても切れないイメージがあるが、安土城以前には、石垣でびっしり囲われた城というのはほとんどなかった。六角氏の観音寺城も石垣が積まれていたようだが、それも敷地のごく一部であり、**敷地全体に石垣が積まれた城というのは、安土城が最初**だとされている。

イエズス会のルイス・フロイスは、報告書の中で安土城のことを次のように述べている。

「信長は安土の中央の丘の上に、壮大で要害堅固な宮殿と城を建てた。これはヨーロッパの最大の建物に匹敵するものである」

最高峰の築城技術を「お金で集める」

安土城の築城には、当時の工業技術の粋《すい》が集められた。**全国でも名うての技術者たちを、金に糸目をつけずに呼び寄せた**のである。

天守閣施工の大工棟梁《とうりょう》（責任者）は、熱田《あつた》の宮大工の2代目岡部又右衛門である。熱田は熱田神宮があることから、優れた宮大工がいる地域である。

岡部又右衛門の岡部家は、熱田の宮大工の中でも名家であり、初代岡部又右衛門は足利義政に番匠として仕え、御所の造営などにも携わったといわれている。2代目岡部又右衛門は、信長に見こまれ、清須城、岐阜城の修築にも携わったようである。また、信長の戦争時に同行し戦闘用構築物の造営も担っている。

岡部又右衛門の下で実際に安土城造営の作業を担ったのは、甲賀《こうが》大工、熱田大工、奈良大工などである。彼らは建築の分野では、当時、最高峰の技術を持っていたとされている。特に近江・甲賀にいた甲賀大工は、当世、随一の技術を持っているとされていた。

彼らは紫香楽宮《しがらきのみや》、石山寺などの造営のため、平城京から連れてこられた工匠《こうしょう》が住み着いたのが起源と言われる技能集団だった。木を縦に切る「竪挽《たてび》き」という技術をもっとも早く使っていたのは、甲賀大工とされている。

安土城の画期的な部分として「瓦屋根」がある。

それまで寺社などには瓦の屋根が使われていたが、そのほかの建物はわら葺だった。城も瓦ではなく、ほとんどは板葺か、わら葺だったのだ。

城で瓦を使用したのは、松永久秀《まつながひさひで》のつくった多聞《たもん》城か、明智光秀がつくった坂本城くらいしかなかった。安土城は、その最先端の技術を導入しているのだ。そして、この瓦葺のために、興福寺、法隆寺、東大寺などから瓦職人が動員されている。

安土城では、「鯱瓦《しゃちがわら》」も取り入れている。鯱瓦というのは、城の屋根の上に乗った魚の形をした瓦のことである。荘厳なイメージのある城の中で、ユーモラスな雰囲気を醸し出している鯱瓦。これは日本の城には欠かせないもので、名物的なものともなっている。

この鯱瓦は、明智光秀の坂本城などで使われていたものだが、それが安土城にも取り入れられたのだ。そして、安土城に用いられることで一気に全国に広まったと考えられる。

安土城はこの鯱瓦において、さらにユニークな試みがなされている。「瓦に漆《うるし》をぬって金箔《きんぱく》をはっている」のである。鯱瓦の目と尾の部分に金箔がはられているのだ。これがエスカレートしたのが、名古屋城の金の鯱鉾《しゃちほこ》といえるだろう。

安土城の建設に関して、面白いエピソードがある。

安土城の築城にあたっては、観音寺山、長命寺山、長光寺山、伊場山などから石をおろし、安土山に引き上げられていた。あるとき「蛇石」という並はずれた大石が、安土城のふもとまで運ばれてきた。この蛇石は通常の運搬方法ではどうしても動かせない。そこで、秀吉と滝川一益《たきがわかずます》、丹羽長秀《にわながひで》が協力し、1万人を動員して昼夜3日がかりで運び上げたという（「信長公記」より）。

この大石の話は、ルイス・フロイスの「日本史」にも出てくる。フロイスの話によると、この大石の運搬中、動いて片側に滑り出たときに150人が圧死したという。どれほど巨大な石か想像もつかない。

この石を標高200メートル近い安土山にどうやって引き上げたのか。「信長公記」には、「信長公の巧みなはからいで容易に天守閣へ引き上げることができた」と記されているが、その具体的な手法はいまだに解明されていない。

いずれにしろ、安土城は非常に高度な技術でつくられたということである。

ちなみに現在、日本を代表するゼネコンである竹中工務店は、信長の普請奉行だった竹中正高が、関ヶ原後に創業したとされている。竹中正高は織田家の建設官僚として800石の禄《ろく》をはんでいたという。当然のことながら、竹中正高は、織田信長の建築技術を担っていたわけである。少し大げさにいえば、その技術は現在の竹中工務店にも息づいているということになる。

シャンゼリゼ通りよりも〝賑わった〟安土城下町

もともと栄えていた安土地区だったが、安土城の築城により、さらに大繁栄することになった。イエズス会の宣教師ルイス・フロイスの報告書によると、「安土城の城下の市（繁華街）は、日に月に栄え、長さは1レグワ（約5・6キロ）に達した」という。

現在、日本でもっとも繁華な通りとされている渋谷の表参道は1キロちょっと。パリのシャンゼリゼ通りは1・8キロである。フロイスの報告書が真実ならば、安土城の「市」は5キロ以上なので、シャンゼリゼ通りよりも、はるかに賑わっていたことになる。

もちろん信長は、安土城下が繁栄するように様々な工夫をした。大規模な造成、区画整理をし、住民に宅地を提供したり、楽市楽座をつくったりもした。天正5（1577）年6月、13カ条の「安土山下町中掟書《さんげちょうちゅうおきてがき》」が発給された。この安土山下町中掟書は、信長の都市政策の集大成であるとともに、その後の都市政策のモデルともなった。

「安土山下町中掟書」の内容は以下の通りである。

一、（安土を）楽市楽座とする。
二、往来する商人は必ず（安土に）立ち寄らなければならない。
三、諸役《しょやく》を免除する。
四、伝馬《てんま》を免除する。
五、火事に気を付けること。
六、罪人に家を貸していたり、同居していたとしても、罪にはならない。
七、盗んだものを知らないで購入した場合は、その責を問われない。
八、国で徳政令（債権の強制放棄）がでても、安土では適用されない。

九、よそからの転入者も従来からの住民と同じ恩恵を受けられること。
十、喧嘩、口論、国質《くにじち》、押売、押買、宿の押し借りをしてはならない。
十一、町内を捜索する場合、町の世話人（福富平左衛門尉、木村次郎左衛門尉）に届けが必要である。
十二、町内に居住する者は、奉公人、職人であっても、家並（住民税、固定資産税）は免除する。ただし、家中のもの、お抱えの御用職人などは別である。
十三、国中の馬の売買は安土で行うこと。

つまりは住民に様々な特典を与えて、安土城下になるべく多くの人を吸引しようということである。

そして信長のもくろみ通り、安土の城下町は、あっという間に発展した。

この安土城の城下町は、その後の城下町づくりのモデルケースになったものであり、ひいては現代日本の主要都市の原型ともなったものである。秀吉は大坂で、家康は江戸で同じような都市づくりを行った。また全国の大名たちも、この安土城の街づくりを真似たのである。今も各地に残る「城下町」の起源は、安土城にあるのだ。

ショー、ライトアップ……「レジャー施設」安土城

信長は、安土城で様々な催《もよお》し物をした。その中には住民たちが参加したり、観覧して楽しめるものもあった。**信長は安土城にレジャー施設的な役割も持たせていたのである。**

たとえば、天正9（1581）年1月15日、安土城で「左義長《さぎちょう》」が催された。左義長というのは新年の行事で、その年に疾病などが起こらないように、爆竹を鳴らして厄払いするというものである。地方によっては「どんど焼き」として今に伝わっていることもある。

信長は、安土城の築城を祝ってこの「左義長」を大々的に開催したわけである。

この日に先立つ1月8日に、信長は次のような触れを出した。

「十五日の左義長の行事に爆竹を用意し、頭巾《ずきん》をつけ正装をして、めいめいが準備

準備をして臨むように」

そして信長は、近江衆の中からこの行事の世話役を選んだ。本格的な祭事の準備をするためである。

当日のショーがまた圧巻だった。まずお小姓が先頭に立ち、次に信長が入場してきた。信長は黒い南蛮帽をかぶり、眉を書き、赤の頰あてをつけ、袖なしの陣羽織《じんばおり》を着て駿馬《しゅんめ》に乗ってさっそうと登場した。続いて信長配下の武将たちが色とりどりの衣装を身に着け、10騎、20騎と編隊を組んで登場した。爆竹を鳴らし、どっとはやし声をあげながら、馬場を駆け抜けていく。

見物人は群れをなした。数万人以上の人出があったとされている。宣教師ルイス・フロイスの報告には「噂によればこの左義長の総経費は6万クルサド（400貫）を越えた」と記されている。左義長は翌年も催されており、もし信長が本能寺で斃《たお》れなければ年中行事となっていたことだろう。

また同年の7月15日には、安土城がライトアップされた。

天守閣や摠見寺《そうけんじ》に提灯《ちょうちん》が数多くつるされ、馬廻衆が堀に船を浮かべ、手に手に松《たい》明《まつ》をともした。これにより安土城は琵琶湖のほとりに幻想的に浮かび上がったという。現代の我々が見ても、十分に驚嘆する光景であっただろう。もちろんここでも多くの見物人が集まった。当時の人々にとっては、またとない娯楽だったはずだ。

えっ！　安土城は「一般公開されていた」

安土城のレジャー化はさらに進む。

安土城が竣工すると、天正10（1582）年元旦に年賀のあいさつを受けるという形で広く一般庶民にまで公開されたのだ。なんと安土城は一般公開されたのである。

これは戦国時代では非常に珍しいことである。いや戦国時代のみならず、歴史的にも稀《まれ》なもので、おそらく日本では初めてのことだったのではないだろうか。現代でこそ大きな建築物ができた場合は、たくさんの人を招いてのお披露目が行われ、国の重要施設であっても一般に公開される。しかし時は戦国時代である。城の内部というのは軍事機密であり、本来外部にもらすものではない。それを信長は、全部公開してしまったのである。

もちろん大変な人出となった。石垣を踏みくずしてしまい、石と人が一緒になって崩れ落ちたことで死人まで出てしまったくらいだ。そのため入場者整理が行われ、最初に家臣、二番目に他国衆、三番目に住民という順序で入場させた。

入場した者は、階段を上り座敷に通され、御幸《ぎょこう》の間（天皇の行幸《ぎょうこう》を迎えるための部屋）まで拝見することができた。

この一般公開に先立ち、信長は「大名小名に限らずお祝い銭を100文ずつ用意するように」という触れを出していた。そして信長は、本丸御殿の入り口で、自ら100文の入場料を徴収し、金を受け取っては後ろに投げ入れたという。もちろん信長は入場料を監視するために係を買って出たわけではなく、パフォーマンスの一つであろう。信長というのは、茶目っけもあったようである。

この安土城の一般公開は、いつまで行われたのか明確な記録はない。しかし、信長としては一般公開を常態化しようとしていたのではないか、つまり安土城をレジャー施設として一般に開放しようとしていたのではないか、とも思われる。

というのも、信長はこの安土城内にさらなる集客施設をつくろうとしていたからだ。

宗教の〝集金力〟に目をつけた信長の野望

信長がつくろうとしていた集金施設というのは、「宗教施設」のことである。

信長は安土城を、伊勢神宮のような巨大な宗教施設にする計画も立てていたのだ。といっても、おそらく信長は宗教そのものに興味があったわけではない。**宗教の持つ「集客力」「集金力」に興味があった**のだ。

江戸時代に「お伊勢参り」の一大ブームを起こす伊勢神宮は、すでに戦国時代から多くの参拝客を集め、巨額の収益を上げていた。信長の出身地である尾張は伊勢神宮の目と鼻の先である。信長はその繁栄ぶりを幼少期から間近に見ていたのだ。

そもそも伊勢神宮というのは天皇家の祖先を祀《まつ》ったところであり、運営資金は神《かん》戸《べ》と呼ばれる専用の領地から上納された年貢などで賄われていた。しかし平安時代以降、武士の力が強くなり、天皇の力が弱まると、神戸からの年貢は武士によって収奪されるようになる。伊勢神宮は経済的に困窮することになり、建物の修繕もできないような状態が続いた。

そこで、伊勢神宮は、運営資金を自弁するための方策を打ち出す。それまで伊勢神宮への一般者の参拝は禁止されていたのだが、これを解禁したのである。そして伊勢神宮の参道に関所を設け、関税収入を得たのである。

また御師《おんし》と呼ばれる神宮の職員を全国各地に送り、大麻《たいま》（伊勢神宮の神札）を頒《はん》布《ぷ》して初穂（賽銭《さいせん》）を得ていたのだ。この御師たちは伊勢神宮への参拝も呼びかけ、参拝客の増加にも寄与していた。

そんな取り組みが功を奏し、信長の時代には、伊勢神宮は相当の賑わいを見せていたのだ。

伊勢神宮では20年おきに遷宮《せんぐう》（本殿の建て替え）を行うのがならわしだったが、戦国時代の120年間は途絶えていた。しかし参拝客の増加などにより収入が増え、天正13（1585）年には、遷宮を再開するまでに至っている。**信長は伊勢神宮の活況をみて、このシステムを自分にも導入できないだろうか、と考えた**と思われる。

そして信長は、安土城内に自分自身を神として祀った神社をつくろうとしていた。

〝信長大社〟ともいえるこの計画については、イエズス会の宣教師ルイス・フロイスの書いた「日本史」にのみ記述がある。フロイスによると、「信長は自らを神に見立てて、一般人民に向かって安土に拝礼に来るようにと命じた」という。

信長は安土城に摠見寺を建立し、それを巨大な礼拝場にしようとしたらしい。しかも礼拝に来れば4つの功徳がある、というお触れを出したというのである。4つの功徳というのは、「日本史」によれば次の通りである。

・第一に富者が礼拝に来るならば、ますますその富を増し、貧しい者が礼拝に来れば、富者になれる。子供に恵まれないものは、子宝に恵まれるようになるだろう。
・第二に、八十歳まで長生きし、疾病はたちまち快癒し、健康と平安を得る。
・第三に、予が誕生日を聖日とし、摠見寺に参詣することを命ずる。
・第四に、以上のことを信じるものは、確実に疑いなく、約束された事が実現されるだろう。しかし、これを信じない邪悪な輩は、現世においても来世においても滅亡するに至るだろう。ゆえに万人は大いなる崇拝と尊敬をこれ（摠見寺）に捧げることが必要である。

つまりは、金運、子宝、家内安全、無病息災と、ありとあらゆる願いが、ここで叶えられるというのである。しかも、もし信長大社を信じなければ、現世においても来世においても滅亡するというのだ。

このフロイスの「信長大社」の記述については信憑性が疑われてもいる。この事実は、フロイスの記述以外には出てこないし、いくら信長でもこんなことまではしないのではないか、ということである。

しかし経済視点から見れば、信長ならばこういうことをしてもおかしくないといえる。

信長は、それまで寺社が得ていた巨大な利益を分捕ることに執念を燃やしてきた。寺社の荘園の多くを没収し、市や座の特権も奪ってきた。しかし寺社には、さらに檀家、教徒からの「寄進」という強力な収入源がある。この「寄進」だけは信長も取り上げることはできない。だから、自分が寺社を経営し、寄進を受けようと思ったのではないだろうか？

また伊勢神宮のように、全国から参詣者が集まってくる寺社では、「寄進」のほかに〝観光収入〟もある。参詣者は宿泊費用なども当地に落とすので、その収益は莫大なものになる。娯楽の少なかった当時は、神社仏閣への参詣というのは、人々にとっては貴重なレジャーでもあった。人々は貯め込んで来たお金を、ここで一気に費消するのである。

そのレジャー施設を、信長は新たにつくろうとしていた、というわけだ。しかも信長大社は、安土城の中にある。安土城自体がレジャー施設的な要素も備えており、もし信長がもっと長命であれば、安土城は多くの参拝客を集めていたかもしれない。

第9章　上杉、毛利、島津……諸大名たちの経済戦略

「お金を持っている」のに信長に敗れた者たち

第4章では、武田信玄の領国が経済危機に瀕していたことを紹介したが、他の有力大名はどうだったのだろうか？

たとえば武田信玄のライバルだった上杉謙信や毛利元就は、やはり武田信玄のように経済基盤が弱かったのだろうか？

答えは、ノーである。

上杉謙信はライバルだった武田信玄に比べて、経済的には非常に恵まれていた。

また西国の有力武将だった毛利元就も、かなり強い経済力を持っていた。ほとんどの有力大名はかなりの経済力を持っていたのだ。

これは当たり前と言えば当たり前である。経済力がないと、のし上がってはこられない。経済力がないのに、のし上がってきたのは、武田信玄くらいだ。つまりは、信玄以外の有力大名のほとんどは、強い経済力を持っていたのである。

では、それなのに、なぜ彼らは信長に遅れを取ってしまったのだろうか？

信長の強さの秘密は第3章でも書いたが、本章では、それ以外の有力大名たちのほうに目を向け、経済事情を追っていき、その答えを追究していきたい。

重要港を押さえ、戦国有数の経済力を誇った【上杉謙信】

まず上杉謙信である。上杉謙信というと、武田信玄と5度にわたる川中島の合戦を戦った名将とされる人物である。また晩年は信長軍の侵攻をしばしば食い止め、戦国時代の趨勢に強い影響を与えた。

上杉謙信は、経済的に非常に有利だった。というのも、謙信は越後国の守護代からのスタートだったが、家督を相続して、早い時期に越後一国を制圧しているからだ。この越後という国は、経済的に非常に豊かな地域だったのだ。

越後にある柏崎と直江津《なおえつ》の二つの港は、日本海に面した重要な港だった。

2港からの関税収入は、年間4万貫に及んだという。4万貫というと、だいたい30万石の大名の年貢収入に匹敵するものである。つまり上杉謙信は実際の領地に加え、30万石分の領地を持っていたのと同じくらいの経済力があったというわけである。江戸時代の土佐藩が24万石だったとされているので、土佐藩一藩分よりも多くの税収が、わずか二つの港から得られていたわけである。

また越後には鶴子《つるし》銀山、西三川《にしみかわ》砂金山、高根金山など全国でも有数の金山があった。越後の金山は、後年、秀吉の直轄とされるのだが、慶長3（1598）年、秀吉のもとに納められた金銀の記録である「伏見《ふしみ》蔵納目録」によると、越後黄金山1124枚、佐渡黄金山799枚とあり、この二つだけで全体の6割を占めている。謙信の時代にも同じ程度の金銀の産出があったとみられる。

さらに、越後は越後上布と呼ばれる全国的に有名な麻織物の特産地だった。謙信は、この特産品に課税し、莫大な税収を得ていた。

「港」「金山」「特産品」を考慮するだけで、謙信の財力は相当のものがあったと考えられる。

謙信は生涯で2度上洛しているが、天文22（1553）年の最初の上洛の際には、将軍足利義輝《よしてる》に青銅3000疋《ひき》（30貫）を、朝廷には黄金などを献上している。永禄2（1559）年の2回目の上洛では、将軍足利義輝に黄金30枚（300両）、将軍の母・慶寿院へ白銀1000両などを献上している。

謙信の死後、後継者の上杉景勝《うえすぎかげかつ》によって春日山城の金蔵が開けられたが、在庫金は2万7140両もあったという。2万7140両というのは、50万石クラスの大名の1年分の年貢収入くらいである。それをまるまる貯《たくわ》えていたのである。

なぜ謙信は「京都に旗を立てなかった」のか？

上杉謙信はこれだけ財力に恵まれていた上、前述したように生涯で2度も上洛している。それなのになぜ、京都に旗を立てようとしなかったのか？

武田信玄との戦いが続いていたなど、理由は様々あるだろうが、最大の理由は、謙信に「その気がなかった」ということだろう。というのも、**謙信にはどうやら、自分の生きている時代が「戦国時代だ」という認識がなかった**ようなのである。

謙信はあくまで、室町幕府の秩序の中での出世を望んでいた。逆にいえば、「室町幕府の秩序や社会システムはすでに崩壊し、強力なパワーによる新しい秩序の建設が必要だ」ということを認識していなかった。自分が天下を押さえ、新しい国家をつくろうということには思いも及んでいないのだ。

謙信の伝記などではよく「謙信の戦いはすべて義によるものだった」などと述べてある。私利私欲で侵攻をしたことはない、すべては義のために戦っていたのだ、ということである。

しかしこの「義」にしても、あくまで室町幕府の価値観においての「義」である。室町幕府がつくった社会体制を維持するため、幕府の命に従わないものを「不義」としたわけである。その一方で、「義」を得るために、わざわざ幕府に働きかけたりもしているのだ。

2度目の上洛のとき、謙信は何をしにいったかというと、関東管領への就任を将軍に働きかけにいったのである。関東管領というのは、室町幕府が定めた役職で、関東の官の中で、事実上のトップだった。

しかしこれも〝室町幕府の官職〟であり、室町幕府が弱体化した戦国時代では、それほど実のあるものではなかった。関東管領になったからといって、自動的に関東の支配権が手に入るわけではなく、自力で奪い取っていかなければならなかったのだ。その関東管領の肩書をもらうために、わざわざ越後から多くの兵を率いて、はるばる上洛しているのである。

つまりは、謙信にとって当時は戦国時代ではなく、あくまで室町時代だったのである。

謙信に天下布武の野心がなかったことは、軍備からも見て取れる。信玄との死闘を繰り広げながらも、それほど軍備は充実させていなかったのだ。

天正３（１５７５）年の上杉家軍役帳によると、上杉軍が保有していた鉄砲はわずか３１６挺に過ぎない。天正３年というと長篠の戦いがあった年であり、信長は全軍で少なくとも数千挺、もしかしたら万を超える鉄砲を保持していたかもしれないのである。毛利軍も数千挺の鉄砲を保有していたと見られる。それらに比べると、あまりに貧弱な軍備だと言わざるを得ない。

謙信は経済的には決して貧弱ではなかったのだから、もっと多くの鉄砲を保持することができたはずである。それに謙信は、信長が堺を押さえる前に、2度も上洛しているのであり、鉄砲を導入する機会はいくらでもあったといえる。

前述したように、信玄は陸の孤島だったために鉄砲の準備はあまりできなかったわけだが、謙信もなぜかそれに合わせるように、鉄砲をあまり揃えていないのである。謙信にとっての軍備は、周辺の敵を押さえることが最大の目標であって、全国に繰り出す気持ちなどは毛頭なかったと言えるだろう。

ところで、上杉謙信と武田信玄の間には、「塩」にまつわるエピソードがある。荷留で他国から物資供給を遮断され、塩不足に困っている信玄に対し、謙信が塩を送ったというものである。「敵に塩を送る」という慣用句もこのエピソードから生まれている。

最近の研究では、このエピソードは後世の創作だと言われるようになった。謙信が信玄に塩を送ったことを示す、当時の明確な記録がないからである。だが、謙信は越後ルートからの塩の流通を〝黙認〟していたようではある。当時、敵国に対しては物資の輸送をストップするのが普通なので、黙認するだけでも相当なものである。間接的には「送った」ともいえるようなものだから、まったくの作り話とは言えないのだろう。

そしてこの話は見方によっては、「謙信の野心のなさ」を物語るものである。

治世経験に乏しかった【毛利元就】

次に毛利元就を追究してみたい。

毛利元就は、信長と同時期に西日本の10カ国を平定し、信長に対抗しうる勢力を持っていた。もしかしたら、武田信玄以上に信長のライバルだったかもしれない。

しかも、毛利元就は経済的にも恵まれていた。中国地方という豊穣な地域に版図を持っていた上に、かの石見銀山《いわみぎんざん》も手中に治めていたのだ。また瀬戸内海は当時の日本の流通の大動脈であり、ここを押さえることで日本の物流全体を押さえることもできたはずだ。

それにもかかわらず、毛利元就は信長に遅れを取ってしまった。

その最大の要因は、毛利家の拡大の仕方にあるといえる。

毛利元就は、戦争によって少しずつ版図を広げていったタイプの大名ではない。**もともとは有力大名の家臣だったのが、クーデターで本家を乗っ取ることで突然、大大名になった**のである。

毛利元就の毛利家は、当初は尼子《あまご》家に属していたが、後に大内義隆に転じた。当時の尼子家と大内義隆は壮絶な勢力争いをしていたのだ。

大内義隆は、戦国時代の西の雄だった。中国地方の名家である大内家の31代当主であり、周防《すおう》、長門《ながと》、石見、安芸《あき》、豊前《ぶぜん》、筑前《ちくぜん》を領する大大名だった。

元就は大内家に臣従し、長男・隆元《たかもと》を人質として周防に差し出していた。また、大内義隆が尼子と戦うために出雲《いずも》へ出兵した際にも参加している。そのうち元就は大内家の中では重要な立場を占めることになった。

天文20（1551）年、毛利元就に大きな転機が訪れる。大内義隆の重臣である陶晴賢《すえはるかた》が、義隆を倒して領主の座を乗っ取ったのである。元就はこのクーデターについて陶晴賢から事前に知らされていたが、大内義隆を守ったり、陶晴賢を討とうとする様子はなかった。陶と元就は、いわば共謀関係にあったといえる。この結果、旧大内領は、毛利元就と陶晴賢が治めることになった。

しかし、この二人もすぐに敵対関係となり、天文24（１５５５）年10月、元就は厳島《いつくしま》の戦いで陶晴賢を倒した。そして永禄９（１５６６）年には、尼子氏を滅ぼして、中国10カ国を事実上、支配することになった。

つまりわずか15年の間で、元就は一家臣から10カ国の大大名にのし上がったのである。

信長のように、隣国を武力で制圧し、段階的に版図を広げていったのとは、まったく違うのだ。そのため毛利元就の場合、**内政や軍備など、大名としての政治能力が追い付いていない傾向があった。**

元就は石見銀山の〝収益〟を活用できなかった

毛利元就の政治力のなさは、石見銀山の経営にもっともよく表れている。

石見銀山はご存じの通り、世界的に知られた大銀山である。ここから採れる銀は、日明貿易、南蛮貿易、あるいは倭寇によって世界中にばらまかれ、「世界経済を変えた」とまで言われている。

天正9（1581）年、石見銀山から税として納められたのは、1カ月2756貫文である。年間にすると3万3072貫文。銀の重さでは115貫752匁《もんめ》、板にすれば2692枚になる。

石見銀山には、これに加えて山の材木に課された税が960枚あった。つまり合計で3652枚の銀が税として納められたのである。これだけで30万〜40万石程度の大名の年貢収入分はある。これを貿易に活用すれば、さらに大きな収益が得られていたはずである。

石見銀山の収益を使えば、毛利元就は圧倒的な武力を持ちえたはずである。にもかかわらず、元就は信長の経済力には敵わなかった……。なぜだろうか。

石見銀山は、鎌倉時代の武将である大内弘幸が、邇摩《にま》郡の山で銀を採ったのが始まりとされている。南北朝時代には足利尊氏の息子である足利直冬《ただふゆ》が石見を攻めて銀山を制圧し、銀を採取したという。

戦国時代には、博多の貿易商人神谷寿禎《かみやじゅてい》が、石見銀山を大開発した。大永6（1526）年3月に、3人の堀大工を連れて行き、大きな銀鉱を発見したのだ。そして、ちょうどそのころ、金銀の採掘における画期的な精錬技術である「灰吹法《はいふき》」が使われ始めていた。これは朝鮮からもたらされた技術で、高熱で溶けた鉛の中に鉱石を入れて、不純物を除去した鉛合金をつくり、それを動物の骨を焼いてつくった灰の中で溶かして鉛を分離し、純度の高い金や銀を抽出する方法である。石見銀山も「灰吹法」を導入することで飛躍的に生産量が増加した。そのため、世界的な大鉱山となったのだ。

その後、大内氏と出雲を支配する尼子氏の間で壮絶な領有争いが起きていた。大内氏が滅んだあとは、元就と尼子氏の間での争いとなり、永禄5（1562）年6月に、ようやく元就が石見をほぼ支配下に収めた。

しかし**元就はせっかく手に入れた石見銀山を翌年の永禄6（1563）年12月に、あっさり朝廷と幕府に献ずることを申し出ている。**元就は、その年の1月にも、すでに佐東銀山を朝廷と幕府に献納することを願い出て、許されている。

なぜ元就はわざわざ入手した銀山を朝廷や幕府に献上したのだろうか？

元就のこの行動は、謙信の「関東管領就任願い」に似たものと思われる。

石見銀山は天下に知られた大銀山である。これを勝手に独り占めすると、いつなんどき周辺の大名から攻撃されるかわからない。そのため、石見銀山を「幕府と朝廷に献ずる」という形にし、いわば「公の権威」を使って石見銀山を守ろうとしたのである。

もちろん、石見銀山は毛利元就の領土内にあるのだから、幕府や朝廷はそこに立ち入ったりはしない。毛利元就が代官となり、石見銀山の経営を行い、その収益を幕府や朝廷に送るのである。

元就は、この業務を律儀にこなしたらしく、足利義輝などはたびたび毛利家に銀の催促をしているくらいだ。そして元就はその催促に、まともに応じていたようである。

また元就は遺言においても「銀山は御公領であり、自余のことに用いず弓矢の用にのみ充当せよ」と書き残している。

瀬戸内海からの〝利権〟も活用できなかった

毛利領内には瀬戸内海が横たわっているが、毛利元就はこれも十分に活用できていたとは言い難い。

古来、大陸や九州からの文物のほとんどは、瀬戸内海を経由して近畿や東日本に運ばれてきた。もし、瀬戸内海の船を毛利がすべて管理し、東国への物流を制限させてしまえば、信長をはじめ近畿以東の大大名たちは干上がってしまうはずだった。しかし、毛利にはそれができなかった。

当時の瀬戸内海は海賊衆が支配していた。彼らは倭寇とも通じており、海戦の能力も高かった。

瀬戸内海の海賊の中でもっとも強い勢力を持っていたのは、かの有名な村上水軍である。村上水軍の起源は諸説あってはっきりしないが、中世に瀬戸内海で勃興した海賊であり、戦国時代には因島《いんのしま》、能島《のしま》、来島《くるしま》の三島に分かれていた。彼らは瀬戸内海に勝手に海関をつくり、航行する船から警固《けいご》料と称する通行税を強制的に徴収していた。そのため彼らは警固衆とも呼ばれていた。

また村上水軍は日明貿易において、「唐荷駄別安堵料」という高額の通行税を課していた。瀬戸内海は島嶼《とうしょ》の数が多い上、島嶼間も狭く、航行が難しい海域だったため、彼らには瀬戸内海の「水先案内人」としての役割もあったのだ。しかし通行料を払わなかった場合は、攻撃・略奪を行うため、明らかに「海賊」でもあった。

毛利水軍というと、この村上水軍をイメージされることも多いが、毛利水軍と村上水軍は別物だ。毛利水軍がつくられたのは1555年ごろのことである。創設当初は大内義隆の遺臣である山県氏や福井氏などが中心だった。彼らは船団を率いて、陶晴賢との「厳島の戦い」などで活躍した。その後、毛利家が勢力範囲を広げるとともに、村上水軍の一部も取り込んでいる。

しかし村上水軍は海賊衆であり、武家の中に繰り入れることには難しい面もあった。だから毛利家と村上水軍は、「主従関係」ではなく、「協力関係」というような間柄だったのだ。村上水軍は気が向けば毛利に従うが、完全に従属しているわけではない、警固料などの利権も手放さない、という状態だったのだ。

そして、このように村上水軍を完全に手懐けることができなかったことが、元就が信長の後塵を拝する大きな要因となったのだ。

これが信長の経済力！「鉄甲船」に敗れた毛利軍

毛利元就と信長の水軍力の差がもっとも如実に表れたのが、「木津川口での戦い」だ。

「木津川口での戦い」とは、次のようなものである。

天正4（1576）年、信長が石山本願寺と戦っているとき、毛利元就は信長包囲網の一員として、本願寺の救援を行っていた。その中で、織田水軍と毛利水軍の間で起きたのが「木津川口での戦い」である。当時、信長軍は大阪湾を海上封鎖し、兵糧攻めにしようとしていた。毛利水軍は石山本願寺に物資の補給などをするために、水上から織田軍の包囲を破ろうとして、織田水軍と衝突したのである。

この**「木津川口での戦い」は、毛利軍、織田軍双方の特質や経済力の差が非常によく見て取れる。**

戦いは2回行われ、天正4（1576）年7月に行われた「第一次木津川口での戦い」では、毛利軍が勝利している。

毛利側の村上水軍は、当時、日本で最強の水軍とされていた。明などから採り入れた多彩な新兵器を持っていたのだ。村上水軍は火矢《ひや》や焙烙玉《ほうろくだま》などを効果的に使って攻撃し、織田軍の九鬼《くき》水軍はこれに手を焼いた。焙烙玉というのは手榴弾のようなもので、船を延焼させる威力があった。村上水軍の秘密兵器である。これに織田水軍の船の多くは焼かれてしまい、惨敗に近い形で負けてしまったのだ。

この時点では、村上水軍を味方につけていた毛利の勝利だったといえる。

しかし、信長はすぐに反撃に転じた。

織田水軍の将、九鬼嘉隆に対して、〝燃えない船〟をつくるように指示したのである。それを受けて九鬼嘉隆《よしたか》は鉄で武装した「鉄甲船」をつくったのである。

「信長公記」には、この鉄甲船のことが次のように記されている。


「天正6（1578）年6月、この艦隊を大坂に派遣したところ、雑賀《さいが》、谷の輪など浦々の小舟が数知れず漕ぎ寄せ、矢を放ったり鉄砲をうちかけて攻撃してきた。九鬼軍の6隻の大軍艦には大砲が積んであり、敵を引き寄せておいて、大砲をいっせいに放って敵の船を多数破壊してしまった。その後は、敵もなかなか近付いて来ず、難なく堺へ着岸することができた。

同年11月には、毛利水軍600隻が木津方面へ進出し、これを九鬼水軍が迎え撃った。九鬼水軍の6隻の大軍艦は、毛利軍の大将船と思われる船を間近に引き寄せて砲撃し、破壊したため、毛利軍は恐れをなしてそれ以上寄せてこなかった」

この鉄甲船は記録が少ないため謎の部分が多く、本当に鉄甲だったのか、どの程度の鉄を使っていたのかなど、詳細はわかっていない。今から400年以上も前に、鉄張りの船があったなどということは、にわかには信じがたい話でもある。しかし、信長軍が大砲を積んだ大船をつくり、毛利水軍を撃退したこと自体は事実である。

当時日本にいたイエズス会宣教師のオルガンチノがフロイスに宛てた手紙の中に、この鉄甲船についての次のような記述がある。

「信長は日本で最大の船を7隻つくり、堺の港に置いた、この船は華麗でポルトガルの船のようだった」

「この船には大砲が3門積んであり、それがどこからもたらされたものかわからない」

「日本では豊後の大友宗麟が小さな砲をつくっているだけで、大砲をつくる者はいないはずだ。なのになぜ、信長の船に大砲が積んであるのか」

「船には無数の精巧な長銃も備えており、毛利方が大坂（本願寺）を救援するのは不可能である。近々大坂（本願寺）は滅ぼされるだろう」


当時の宣教師たちは、日本の軍備状況にも詳しかった。

そして彼らが把握している限りでは、日本で大砲をつくれるのは、豊後の大友宗麟だけだったのだ。前述したように、大友宗麟は西洋からの武器を輸入するため、国を挙げてキリスト教の受け入れをしてきた。そのためイエズス会としても大友宗麟には便宜を図り、砲の製造方法も教えたのである。しかし、それでも大友宗麟がつくれる砲というのは小さいもので、信長の船に載っていたような大砲ではない。

では、信長はどうやって大砲を入手したのだろうか？

当時、鉄砲はすでに国産化されており、その性能は西洋人が見ても驚愕する程のものだった。だから、その技術をもって大砲もつくったのかもしれない。また、南蛮船を経由せずに大砲を輸入したことも考えられる。倭寇の船が大砲を東南アジアで手に入れ、日本に持ってきたという予想もたてられる。

現在の段階では、鉄甲船の大砲をどうやって入手したのか、確定させる資料は見られない。だが、いずれにしても、信長が当時の戦国大名としては桁外れの経済力を持っていたことだけは確かである。毛利としても、ここまでされては太刀打ちできなかった。

最初の海戦から、わずか2年後の「第二次木津川口での戦い」では毛利軍が惨敗し、これ以降、毛利水軍と織田水軍の本格的な海戦は行われていない。おそらく、毛利水軍側が懲りて、織田水軍と戦うのを避けたと思われる。

信長の凄味はこれだけにとどまらない。

この戦いの後に、織田側は、村上水軍に盛んに調略を仕掛けているのだ。**信長は、村上水軍が決して毛利家に従属しているものではない、ということを見抜いていた**のだ。天正8〜9年頃には、村上水軍の首領格である村上武吉《たけよし》が信長に鷹一居《ひとすえ》を贈っている。この贈り物に対する信長の返状（朱印状）には「何か希望があれば言ってみろ」とある。そこには主従関係に似た状態が見て取れる。

海戦で敗れた上に、水軍まで買収されてしまえば、毛利元就としてはもう手も足もでない。クーデターで一挙に大領土を手にした元就より、他国との戦争に長けた信長のほうが一枚も二枚も上手だったのである。

【島津家】は琉球貿易で勢力を拡大したが……

次に、戦国時代に九州最大の大名となっていた島津家について分析したい。

島津家は、戦国時代の後半に急速に力をつけ、九州全土をほぼ手中にしかけていた。豊臣秀吉の九州平定作戦がなければ、毛利家も危うかったかもしれない。

島津家はもともと、鎌倉時代に薩摩《さつま》、大隅《おおすみ》、日向《ひゅうが》の三国の守護を務めていた名家である。しかし戦国時代に入るころには領内各地の土豪が力をつけ、島津家は薩摩の一部を支配しているにすぎなかった。

このようにして衰退していた島津家を再興させたのは、島津貴久《たかひさ》である。

島津貴久は島津家の分家の出身ながら、本家に適当な後継者がいなかったことから、大永7（1527）年に本家の家督を相続した。この島津貴久と4人の息子（義久《よしひさ》、義弘《よしひろ》、歳久《としひさ》、家久《いえひさ》）の代で島津家は急成長するのだ。

島津家の勢力拡大の原動力は、琉球との貿易である。

島津家は早くから琉球貿易に携わっていたが、この貿易は単なる「島津と琉球の貿易」ではなかった。琉球を通して、明や東南アジア、西洋と貿易していたのである。

戦国時代、日本と明の間では正式な貿易関係が途絶えていたが、琉球はまだ明と朝貢貿易を行っていた。そして、明から琉球にもたらされた絹や砂糖などの貴重な品々は、薩摩ルートから日本に持ち込まれていた。また、当時の琉球は東南アジアの貿易センターのような場所だった。そのため琉球と貿易することで、東南アジア各地やポルトガル、スペインなどとも間接的に貿易をすることができたのだ。

島津家はこの琉球貿易によって急速に経済力をつけ、軍事力を高めたのである。

島津家には、先進兵器である鉄砲をいち早く手にできたという幸運もあった。

天文12（1543）年にポルトガル船から種子島に鉄砲がもたらされたとき、種子島の領主の種子島《たねがしま》時堯《ときたか》は、領内の鍛冶職人に鉄砲を分解させ、その仕組みを会得。鉄砲の製造に成功している。種子島は島津の勢力範囲であり、当然、島津家の鉄砲の導入はかなり早くなったのだ。天文23（1554）年に島津貴久が岩剣《いわつるぎ》城を攻撃した際に、鉄砲を使用している。これが記録に残る日本で最初の鉄砲使用だとされている。

そして薩摩は、かのフランシスコ・ザビエルが日本に来たとき、最初に降り立った地でもある。フランシスコ・ザビエルはインドで布教活動をしているときに、薩摩から来ていたヤジロウという日本人に出会い、日本に興味を持った。そしてヤジロウの案内で日本に向かったため、まず薩摩に入ったのである。

フランシスコ・ザビエルは島津貴久に謁見し、布教の許可を求めた。ポルトガルと貿易をしたかった島津貴久はこれを許可。つまり、最初に日本でキリスト教が許可されたのも、薩摩なのである。

ただ、薩摩では仏教の僧たちからの反発に遭い、ザビエルの布教活動の成果は芳しくなかった。ザビエルはすぐに薩摩を去り、ポルトガル船もその後、薩摩に立ち寄らずに平戸や豊後に行くようになったので、島津はキリスト教を禁教としている。

ポルトガルとの直接交易は実現しなかったものの、ともあれ島津は琉球貿易によって国力を蓄え、戦力を充実させていたのは確かだ。

さて、この島津家が信長に遅れをとり、秀吉に制圧されてしまった理由について考えてみよう。

その理由は端的に言えば、「スタートが遅すぎた」ということである。

前述したように島津貴久は島津分家の出身であり、島津本家の家督を相続した際には、島津家の各分家から反対に遭った。身内同士による争乱が起き、それを収めるのにかなり時間がかかった。**島津貴久が身内の争乱を片付け、薩摩一国を制圧したとき、すでに家督を継いで20年以上も経っていた**のだ。

信長のほうも家督を継いだときに、弟を推す勢力との争いが起きたが、信長はこれを数年で片付けてしまった。単純な比較は難しいが、信長のほうが手際がよかったということは間違いないだろう。この違いが、後年、大きな差となるのだ。

貴久の代では、九州平定はおろか、島津家の旧領（薩摩、大隅、日向）の回復さえできなかった。貴久の子・島津義久が島津家の旧領を制圧できたのは、天正５（１５７７）年のことである。しかし、この時期に信長はすでに京都を制し、最大のライバルだった武田を長篠の戦いで壊滅状態に追い込み、天下統一に目鼻がついたところだった。

天下を制するには財力と同様に、スピードも非常に大事だったのである。というより、**経済にしろ、戦争にしろ、強い者はやはり時間の使い方がうまい**ということである。

海運、塩田で財を稼いだ【長宗我部元親】

長宗我部元親《ちょうそかべもとちか》は戦国時代の後半、天文7（1538）年に、土佐の一地域の領主に過ぎなかった長宗我部国親《くにちか》の長男として生まれた。

元親は勇猛果敢な武将として知られ、21歳で家督を相続してからは、瞬く間に版図を広げた。元親の代の長宗我部家の特徴は、何と言ってもその軍の強さだった。

長宗我部の家臣たちには、「一領具足《いちりょうぐそく》」という伝統があった。これは、「田畑に行くときに刀、槍、鉄砲などの武器を携えて、いつ招集があってもかけつけられるような状態で農作業に勤《いそ》しむ」ことである。強い常備兵をつくる「兵農分離」とは逆の考え方ではあるが、それでも長宗我部の兵たちはかなり強かった。四国では兵農分離がまだほとんど進んでいなかったので、そのなかで一領具足は兵の動員法としては優れたシステムだったのである。

長宗我部元親は一領具足システムを効果的に利用し、次々に周辺の勢力をなぎ倒し、天正３（１５７５）年には土佐を統一した。

ちなみに長宗我部の家臣たちは、「一領具足」に並々ならぬこだわりを持ち、後に天下の趨勢となった「兵農分離」をなかなか受け入れなかった。長宗我部の浦戸城に住んでいる家臣は、天正16（１５８８）年の段階では60戸に過ぎなかった。秀吉の天下統一が達成され、戦国の世は終わったというのに、長宗我部の家臣たちは、いまだに「一領具足」を続けていたのである。

長宗我部家は、経済的にも決して貧弱ではなかった。領地は穀倉地帯にあり、土佐は木材の産地でもあった。魚、鯨などの海産物にも恵まれ、良質な塩田が多い地域でもあった。

また、土佐というと「四国の裏側」であり、日本の最果ての地というイメージがあるが、九州から太平洋岸を伝って近畿に入る航海ルートの中継地点にあり、浦戸港という天然の良港もあり、古くから海運業が栄えていた。

長宗我部を見ても、**有力な武将には「良い港」がつきもの**だといえる。良い港を持たずに、強い勢力を持っていたのは、武田信玄くらいである。

長宗我部元親は潤沢な経済力と武力によって土佐を統一すると、すぐに四国平定に乗り出す。急激に版図を拡大しつつあった長宗我部元親だが……さて、なぜ信長に遅れを取ったのだろうか？

彼も、やはり島津家と同じように、天下統一競争に参加するのが遅すぎた。祖父の代の長宗我部家はまだ土佐の一土豪に過ぎず、所領はわずか3000貫だった。これは石高に直すとだいたい3000～4000石であり、大名でさえない。父の国親と元親により急拡大したものの、最初のスタート地点が〝低すぎ〟たのだ。

元親が土佐一国を制圧し、四国統一戦争に乗り出したときには、すでに信長は足利将軍を擁して京都に旗を立て、天下に号令をかけていた。元親の四国制覇は、中央の政局をにらみながらとなっていたのだ。

天正3（1575）年には明智光秀を通じて信長に接触。元親は信長に対し、長男の弥三郎の烏帽子《えぼし》親になってほしいと懇願し、信長は「信」の一字を与え、「信《のぶ》親《ちか》」とするように回答した。元親は信長に御礼として太刀、金、大鷹などを贈答した。

お金はあっても敗れた者たち

	経済的な強み	弱み
上杉謙信	•良港 （柏崎、直江津） •金山	•野心がない •「戦国の世」である という意識がない
毛利元就	•版図（中国地方） •石見銀山 •瀬戸内海	•急な出世だったため 治世（内政、軍備、経済） の能力に欠けていた
島津家	•貿易（琉球） •武器の調達	•身内の平定に 時間がかかり、 天下取りへの スタートが遅れた
長宗我部 元親	•良港（浦戸） •兵力（一領具足）	•元手となるもの （版図）が少なかった

**「政治力」「スピード感」「意識」が
あった上での経済力がモノを言う**

元親は四国制覇の過程で、常に信長に報告を行っていた。信長はそれに対して、「異存はない」という回答をしていたので、元親としては、「四国統一」は信長のお墨付きを得た、と思っていた。

だが、元親の四国統一が現実味を帯びてくると、信長は考え直す。四国全土を元親が手にしてしまうと、あまりに勢力が大きくなりすぎると思ったらしく、元親には土佐本国と阿波南部の半国を与え、阿波北部と讃岐は旧来の勢力である三好康長《やすなが》に与えるという命令を出した。

四国統一を目前にしていた元親にはそれは不服であったため、信長の命令を蹴った。そのため、天正10（1582）年、信長は四国征伐を決定し、三男の織田信孝《のぶたか》を総大将とする四国方面軍を編成した。

この信長の決定は、元親との交渉役となっていた明智光秀の顔をつぶすことになり、それが本能寺の変の要因の一つともされている。封建制度を壊そうという信長の構想（次章参照）としては、四国全土を一人の武将が支配することは許せることではないのだ。ここには「信長のプランを受け入れられない光秀」という図式が見える。

四国方面軍は、出立予定の日に本能寺の変が起きたために、出陣は中止された。危機一髪のところを逃れた長宗我部元親ではあったが、結局は信長の後を継いだ秀吉に軍事的降伏をし、土佐一国のみが与えられた。ここに長宗我部元親の四国統一の夢は破れたのだ。

第10章

「本能寺の変」と「土地改革」の謎

信長の〝大改革〟が本能寺の変につながった

織田信長は天正10（1582）年6月、天下統一を目前にして、本能寺に斃れる。

この「本能寺の変」は、戦国時代の大きな謎とされてきた。

明智光秀は織田家の中では「途中入社」ながら、出世頭とされており、重臣の一人といえた。これまで信長のために様々な功績をあげ、信長のほうも光秀を破格の大抜擢してきた。にもかかわらず、突然の謀反である。

原因は様々に憶測されている。

光秀と信長の性格が合わなかったというようなことも言われるが、もし性格が合わないのであればここまで行動を共にするはずはないだろう。信長が光秀を厳しく叱責したことが原因だとも言われることがあるが、これも後世の後付けの理由であろう。信長が癇癪《かんしゃく》持ちであることは、光秀も前々からわかっていたことであり、それが嫌であれば、そもそも織田家に仕え続けたりはしないはずである。叱責されただけで、謀反の動機になるとはとても考えられない。

光秀の謀反は謎に満ちている――しかし、経済視点から見ると、本能寺の変の謎は解けていく。というより、起こるべくして起こった出来事とさえいえるのである。

信長は当時、ある大きな改革をしようとしていた。

これまで見てきたように信長は、軍事、税体系、流通、交通などあらゆる分野で改革を進めてきた。しかし、それよりももっとスケールの大きい改革を進めていたのだ。**武家社会そのものを消滅させてしまうような大変革**である。

多くの武家たちにとって重大なことであり、当然、反発する武家も数多く出てくるはずだった。実際に本能寺の変の前にも、その前触れともいえるような出来事が起こっている。

しかし、「改革者・信長」は、ひるまなかった。これまでも信長の改革に対して抵抗する者は多々いたが、それを無理やりなぎ倒して成功させてきた。だから、この改革も成し遂げられると踏んでいたのである。

だが、その改革はあまりに急で、あまりに大きすぎた。そのために、強烈な抵抗に遭ってしまう。

その抵抗こそが、本能寺の変なのである。

実は「信長の直轄領は少なかった」。その理由は？

信長がやろうとしていた改革というのは、何なのか？

それは、「土地制度の改革」である。

信長には他の戦国武将と違う点が多々あるが、その一つに「直轄領が少ない」ということがある。信長は最盛時には４００万～５００万石の領地を有していたとされているが、そのほとんどは家臣に割り振られ、信長自身の直轄領は、ほとんど見当たらないのだ。

戦国大名はたいてい自分の領地の一部を家臣に与えるものだが、必ず直轄領を残しておく。そうしないと、大名家の財政が賄えないので、当たり前といえば当たり前である。

しかも、その直轄領は、家臣のうちの誰よりも広く取っておく。これもまあ、当たり前といえば当たり前だ。

しかし、信長はそうではなかった。信長の晩年には、直轄領らしき土地がほとんど見当たらないのである。

これは一体何を意味するのか？　信長は気前がよかったので、領地のほとんどを家臣に与えていたのだろうか？

それは違う。いくら気前がいいと言っても、自分の収入源がなくなるほど、家臣に与えてしまうことはないからだ。

ではなぜ信長の直轄領は少なかったのかといえば、実は、信長が家臣に割り振った所領というのは、「与えた」のではなく、「管理させている」に過ぎなかったのだ。実質的には全体が信長の直轄領だった可能性が高いのである。

当時の常識としては、「家臣に褒美として所領を与える。その所領は、原則として家臣のもの」である。だが、信長の場合は、家臣への所領というのは、「自分（信長）の領土の管理を任せた」というだけに過ぎなかったのではないか、ということである。

だから、信長には〝直轄領が少なかった〟ということが考えられるのだ。信長のこうした「土地に対する考え方」は、当時の武士の価値観を根底から覆すものだったのだ。

封建制度という〝不合理な社会システム〟

信長の土地改革の要点を具体的に言えば、**「武家を土地から切り離す」**ということだ。

当時、「武家」と「土地」というのは、切っても切れない関係だった。武家は「土地を所有する」ことで武家となりえた。そして土地を得るために命を懸けてきた。武家にとって土地とは、自身の根本となる、いわばアイデンティティーだったのである。

この「武家と土地の切っても切れない関係」は古代からはじまる。前述したが、そもそも古代日本では土地はすべて国家のものだった。しかし各地の豪族たちが土地を私有し、自分の土地を守るために武装するようになり、それが「武家」となったのだ。

鎌倉時代には武家の土地所有が正式に認められることになった。足利幕府（室町幕府）も同様で、武士の土地所有権を認め守ることで、政権が成り立ってきた。

当時から武家にとっては、自分の土地を守ることは重要な命題だった。「一所懸命」という言葉は、そもそも中世の武士が、自分の土地を命がけで守ったことから生まれたものである。武家にとって土地というのは、それほど重要なものだったのだ。

封建制度の価値観では、武家はそれぞれが一個の独立した〝経営者〟であり、征夷大将軍というのは武家の権限を守る「武家の代表者」に過ぎない。土地は武家のモノであり、将軍といえども簡単に取り上げたりはできない。

しかしこの考え方は、中央政府にとっては必ずしもいいことではなかった。鎌倉、室町の武家政権は、この土地制度のために大きな制約を受けていた。ありていに言えば、**国を運営するほどの税収が確保できない**ということである。室町幕府の財政基盤が弱かったのも結局、直轄領からしか税を徴収できなかったということが大きい。

しかも各土地はその所有者によって支配されているため、中央政府の管理ができず、日本全体が治外法権のような状態になっている。さらに、土地の所有権における争いが絶えず、領主同士はたびたび紛争を行うようになっている。**信長にとってこれは、非常に不合理な社会システムに見えた**のだろう。

だから、「政府が国全体を一括管理し、国の方針を行き届かせるために、政府の代理を各地につかわす。そうすれば行政、徴税もスムーズに行えるし、地域間の争いもなくなる」——信長はそういう国家作りを目指していたようである。

これは言ってみれば、古代の朝廷による国家システムに戻すものであり、「封建時代」からは抜け出すということである。そして実は明治維新後の国家システムに近いものでもあった。

なぜ信長は征夷大将軍にならなかったのか？

信長が、武家社会を終わらせ朝廷の世に戻そうとしていたことは、信長の官職を見れば明らかである。

信長は、死ぬまで征夷大将軍にならなかった。天下統一を目前にしており、朝廷から征夷大将軍の就任を打診されていたこともあった。しかし、信長は受けなかった。

これは戦国史の大きな謎と言われている。

が、信長の国家観や土地政策と見ていけば、これは謎でも何でもないのだ。征夷大将軍というのは朝廷の官職としては、「蝦夷《えみし》を征伐する軍の司令官」という程度のものである。政治を司る官職ではない。武家社会の幕府というのは、臨時軍司令部がそのまま政権を担ってしまったという構図になっているのだ。

信長は、このなし崩し的な武家政権を引き継ぐつもりはなかったのである。朝廷から正式に、政治を司る官職を得ようとしていたのだ。

信長が生前にどこまでの官位をもらったのかについて、明確なことは判明していない。しかし、状況証拠から見れば、太政大臣になっていた可能性が高いのだ。

信長は、本能寺の変の直前、朝廷とのあいだで「太政大臣、関白、征夷大将軍」の三職のうち、どれかに就任するという話がもたれていたことはわかっているが、直後に本能寺の変が起こったので、その後の経緯が明確ではないのだ。

しかし、信長の死後、朝廷から信長に太政大臣の増官がおこなわれたときの文書には「重而太政大臣」という文言がある。これは「重ねて太政大臣を与える」という意味であり、生前にも信長に太政大臣の官位が与えられていたことを意味する。

つまり、信長は生前すでに太政大臣となっていたわけだ。

また、本能寺の変の直後に、秀吉が毛利に送った書状の中で、主君・信長のことを、太政大臣を意味する「大相国」と表現している。

これらの記録から見れば、信長が生前、太政大臣になっていたことはほぼ間違いないであろう。

信長が太政大臣になっていたことについては、異論をはさむ歴史学者も多い。「本当は信長は、征夷大将軍になろうとしていた」というのである。信長が征夷大将軍になろうとしていたというような証拠はまったくないにもかかわらず、である。しかも、この主張は、学界の中でかなり幅を利かせているらしい。

そういう歴史学者は、「信長は武家なので武家の棟梁である征夷大将軍を望んだはず」と思い込んでいるのだろう。

しかし、**信長の経済政策や国家観をつぶさに見ていけば、信長が武家社会を壊す方向に向いていたことは明らか**であり、征夷大将軍ではなく太政大臣になろうとしていたことは何ら不自然ではないのだ。

信長が自分で朝廷の政治職につき、朝廷の世を復活させようとしていたことは、信長の死後の秀吉の行動を見ても明らかである。

秀吉の政策は、信長のものを引き継いでブラッシュアップさせたものである。そして秀吉も征夷大将軍にならずに、関白、太閤となった。秀吉の場合、太政大臣よりもさらに上の官職に就いたわけであり、信長の志向をエスカレートさせたものだといえる。

秀吉がなぜ征夷大将軍にならなかったかといえば、彼も朝廷を中心とした国家をつくろうとしたからである。

秀吉が、征夷大将軍にならずに関白になったことは、明確に記録が残っており、歴史学上の論争の余地はない。

しかし、なぜ秀吉が関白についたのか、ということについては、論争があるようだ。

「本当は秀吉も征夷大将軍になりたがっていたが、家柄の関係で征夷大将軍になれなかった。そこで仕方なく関白になった」という学説があり、しかも、この説も学界の中でけっこう幅を利かせているそうである。

だが、この説には、大きな欠陥がある。征夷大将軍と関白とを比べれば、関白のほうがはるかに格上の官職なのだ。

征夷大将軍は本来、臨時軍の司令官という程度の官職に過ぎない。一方、関白は成人の天皇に代わって政治を行うという、公家の中でも最高に近い官職である。

関白になった人が「家柄の問題で征夷大将軍になれなかった」というのは、常識的に見てまったくおかしいのだ。

歴史学界では「武家はみな征夷大将軍になりたかったはず」という先入観があるらしく、事実関係の上では明らかに無理がある説が、未だに学界で重きをなしているのだ。

しかし、信長や秀吉の国家観を分析すれば、彼らが征夷大将軍にならなかったということは容易に説明がつくはずなのだ。

辞令ひとつで〝転勤〟を繰り返す織田家武将の悲哀

信長は、古代の朝廷のように全国の土地を中央政府が一括支配するというプランを描いていた。家臣に所領を与える場合も、「土地の所有権」を与えるのではない。家臣は古代朝廷の役人のように、「一時的に土地を管理している」に過ぎない。だから、一度与えた所領を取り上げたり、移し替えたりも、普通に行う。

実際に信長は「国替え」を頻繁に行った。

国替えというのは、一旦家臣に与えた所領を没収し、他の土地を与えることである。これは古代朝廷の「国司」や、明治以降の「知事」に似たものであり、武家政権での「管領」や「守護」とは異なるものだった。

国替えは、柴田勝家、羽柴秀吉、滝川一益、佐々《さっさ》成政《なりまさ》など、織田家の主な家臣たちは皆、経験している。織田家では、国替えは「普通のこと」ともいえたほどだ。たとえば比叡山の焼き討ち後、近江地域の治安を安定させるために、柴田勝家や羽柴秀吉などの家臣たちは、重点的にこの地域に所領を与えられた。

近江地域は当時の日本経済の中心地でありながら、比叡山の影響が強く、治政に困難が予想されていた。そのため、柴田勝家、羽柴秀吉などの有能な家臣を配置したのである。そして近江地域の治政が安定し、一段落つけば、すぐに家臣たちを別のもっと困難な地域に配置させた。

国替えの際には、各武将の家臣団も同行した。そうした家臣団の中には地域の土豪も多数含まれていた。土豪というのは先祖代々、特定の地域に根付いて勢力を張っていた者である。そういう者たちも主君の移動とともに他の地に移されたのだ。

つまり、**地域に根を張っていた豪族といえども、信長の号令一つでこれまで所有していた土地を取り上げられ、他の土地に移される**ということである。

織田家の者たちや信長に臣従する者たちは、どこに国替えになるかわからない、いつでもどこにでも行かなければならない、ということだった。

また信長は頻繁に国替えを行うだけではなく、所領の治政についても事細かく指示している。たとえば、天正10（1582）年3月、信長は武田勝頼を滅ぼして、甲斐、信濃を手に入れ、この地を河尻秀隆や森勝蔵（長可）、森蘭丸の兄弟らに与えた。その際に信長は、税の取り方、道路整備、軍備など11条にも及ぶ細かい命令を出している。

同様の命令は、柴田勝家に越前を与えたときにも出されている。

もちろん、この命令は絶対的なものである。家臣は所領を与えられても、信長の命令通りに治政をしなければならない。家臣たちに、**所領における独立性はないに等しい**のだ。

もちろん行政面の細かいことは各自の判断で行っただろうが、大枠は信長に決められており、何かあれば信長の指示がくるのでそれに従わなければならない。

つまり、**信長の下では、大きな所領を与えられても、それは旧来の価値観での**

「所領」ではないのである。

「武家＝土地の所有者」という図式を否定する

本能寺の変の2年前、さらに光秀の心理を揺さぶるような出来事が起きていた。佐久間《さくま》信盛《のぶもり》とその嫡男の信栄《のぶひで》が、天正8（1580）年に信長から追放された。最大の理由は、石山本願寺戦線の膠着《こうちゃく》だった。

佐久間信盛は、天正4（1576）に石山本願寺攻略の総司令官を任され、織田家で最大の軍勢を率いていた。にもかかわらず、攻略に手こずり、最終的には信長が朝廷の仲介を仰いでようやく終結した。信長はこの失態に激怒し、19条の折檻状を出した後、佐久間親子を織田家から追放したのである。

この佐久間親子の追放は、単に「気に食わない部下をクビにした」というだけのものではなかった。戦国時代の秩序を根底から壊すような重大な要素があったのである。

というのも、佐久間信盛は、もとから信長の家中の者だったわけではない。そもそもは尾張の豪族だったのだ。尾張の土着の豪族が、尾張で強い勢力を持っていた信長につき従ったというものである。つまりは佐久間信盛は信長の家来ではなく、独立した武将として信長勢力に加担しているにすぎなかったのである。

それにもかかわらず、信長は、自分の家来をクビにするのと同様に、佐久間信盛を追放したのである。もちろん佐久間の土地は、信長が取り上げている。これは、封建制度を真っ向から否定する行為だった。

信長は、武家と土地のつながりを絶とうとしたのである。

「武家＝土地の所有者」という関係を壊し、武家は単に土地の管理を任せられた官僚に過ぎない、という形にしようとしたのである。〝管理者〟として不適格であれば、いつでもクビにするということである。

それは、土地を得るため、そしてその土地を守るために命を懸けてきた武家の価値観を、ぶち壊すものだった。

本能寺の前触れ——荒木村重の叛乱

さらに遡り、本能寺の変の4年前、事変の前触れのような出来事が起きている。荒木村重《あらきむらしげ》の謀反である。

荒木村重は、もともとは摂津池田家の家臣だったが、信長に気に入られて元亀4（1573）年に織田家の家臣となり、その2年後には茨木《いばらき》城城主、3年後には伊《い》丹《たみ》城城主となり、摂津一国を任されるなど大抜擢された。

以前に主君だった池田知正を3年後には家臣にするなど、短期間で破格の大出世をした武将でもある。

しかし、織田家に入ってから5年後の天正6（1578）年10月、突如として、信長に反旗を翻《ひるがえ》す。播州《ばんしゅう》制圧作戦に秀吉軍の一翼として参加していたときに、毛利方と通じ有岡《ありおか》城（伊丹城）に籠ったのである。説得に来た秀吉方の黒田官兵衛を城内に監禁したという、あの事件である。

この**荒木村重の叛乱《はんらん》は、実は「本能寺の変」の前哨戦**ともいえるものだった。というのも、明智光秀と荒木村重には驚くほど共通項があるのだ。

・他家の家臣でありながら信長の引き立てによって織田家に入ったこと
・〝途中入社〟にもかかわらず、信長に大抜擢されたこと
・突然、謀反を起こしたが、その理由がよくわかっていないこと

この共通項を見てみると、二人ともに「織田家のシステムに合っていなかった」のではないか、ということが読み取れる。

大領地を任されるというのは一見、大抜擢に見えるが、前述のように織田家の場合は、領地を本当に「任せている」だけで、「一時的に預けている」という感じだ。昔からの信長の家臣たちなら信長の性格や、織田家のシステムを理解しているために、それほど苦にはならなかった。しかし、光秀と荒木村重は他家での家臣経験があるだけに、どうしても、織田家のシステムには違和感を覚える。

それが我慢できずに、謀反に発展してしまったのではないかということである。

〝中途入社組〟には許せなかった信長の大改革

信長の天下取りの過程において、重臣のなかで謀反を起こしたのは荒木村重と明智光秀の二人だけである。

信長が家督を継いだばかりの混乱期には、柴田勝家なども信長に謀反を起こしたことがあるが、信長が桶狭間で今川義元を打ち取り、天下統一事業に向かうようになってからは、生え抜きの重臣たちが謀反を起こしたことはないのだ。

生え抜きの重臣たちは、信長の強さ、怖さ、賢さを十二分に知っており、信長のつくった新しい所領システムについていても、納得していたのだろう。

しかし**「中途入社」の者たちには、この新システムは耐えがたいものだった**のかもしれない。

信長以前の武家のシステムでは、所領を与えられれば、それは「自分のもの」であり、自分が自由に治めることができる。そして、一度、与えられた所領は、そう簡単に取り上げられたりはしない。取り上げられそうなときには、命を懸けて反抗する。

これは戦国時代末期の話になるが、秀吉が九州を平定したとき、秀吉軍に与《くみ》した宇都宮鎮房《しげふさ》には、豊前の城井谷《きいだに》3万石から、伊予今治《いまばり》12万石に転封《てんぽう》の命令が下った。3倍以上の加増なので、大栄転である。

宇都宮鎮房は、しかし、鎌倉時代からの先祖伝来の地にこだわり、この転封を拒絶した。もちろん秀吉は宇都宮鎮房を許さなかった。その後、城に籠った宇都宮に対し、秀吉は討伐軍を派遣した。が、城が堅牢だったため、討伐軍の責任者だった黒田官兵衛は一旦、講和を持ち出して開城させた。その後、宇都宮鎮房は、黒田官兵衛により謀殺され、宇都宮家は断絶している。

わずか3万石の宇都宮鎮房が天下人の秀吉に反抗しても、敗北するのは目に見えていた。にもかかわらず転封を断ったのである。当時の武家にとって、「一度もらった土地」というのはそれほど大事なものだったのだ。それが、これまでの武家というものだった。だから織田家へ「中途入社」した家臣たちは、織田家の新しい土地ルールになかなかなじめなかったはずである。

光秀は、丹波、近江の治政に心血を注いでいた。丹波の亀山（現亀岡市）では善政の領主として慕われ、現在も光秀を弔う祭りが行われている。彼がつくった坂本城は、フロイスの「日本史」によると、「安土城に次ぐ壮麗さだった」という。また坂本城には「鯱瓦」など、後年、日本の城には欠かせないものとなった試みも行われている。

それもこれも、光秀が丹波、近江を「我が領地」と思ってのことである。信長も光秀のそういう心境を、ある程度は気づいていたと思われる。というのも、織田家の重臣の中で、光秀だけにはなかなか国替えを命じていないのである。

だがいつまでも光秀だけを特別扱いするわけにもいかない、柴田勝家や羽柴秀吉なども国替えを普通に受け入れている、だから光秀も納得しているはず――と見込んで、光秀に国替えを命じたのだろう。そして命が下ったのが、本能寺の変の直前のこととされている。しかし、そこには信長の見込み違いがあった。やはり光秀には我慢ならなかったのだろう。

第11章

秀吉は無謀な朝鮮出兵で何を得ようとしたのか？

光秀の誤算

明智光秀には「三日天下」という枕言葉がつけられることがある。

信長を襲撃して天下を取るが、わずかな期間しか持ちこたえられなかったからだ。そしてこの拙速な行動から、明智光秀は「信長への恨みから短気を起こし、展望のない戦争をしてしまった」と評価されがちである。

しかし、明智光秀がまったくの無計画だったわけではない。というより、明智光秀は計算を立てており、その計算自体は決して間違っていたわけではないのだ。

大将が討ち取られた軍というのは動揺するのが常である。桶狭間でも、今川義元が討ち取られると今川軍は大きく動揺し、周辺大名からの侵攻を許してしまい、あっと言う間に今川家は衰退してしまった。

だから、織田軍もそうなるはずだった。いや、実際、織田軍の一部では、そういう状況が生まれていた。信濃、関東地区（旧武田領）では本能寺の変の後に国人たちが蜂起し、織田軍は崩壊。河尻秀隆は武田の遺臣に殺され、森長可、滝川一益は命からがら脱出している。

しかし、光秀の計算外の状況もあった。織田軍には、豊臣秀吉（当時は羽柴秀吉）や柴田勝家という、非常に優れた武将がいたのだ。大将の死去にも動じずに軍をまとめ、戦闘力を維持し続けたのである。

秀吉も柴田勝家も、未だ戦闘継続中の現場にいたわけであり、信長死去の報で敵方が勢いづき、自陣営は動揺し、軍団が崩壊してもおかしくなかった。しかし、彼らは軍団の動揺を押さえ、敵の増長を許さず、すぐに明智光秀征伐の態勢を取ったのである。

これは、秀吉や柴田勝家が優れているということであり、「信長の人を見る目が確かだった」ということでもあろう。

特に秀吉は毛利の大軍と交戦中だったにもかかわらず、巧妙に和睦をして、尋常ではないスピードで京都に戻ってきた。あっけに取られている明智光秀を、瞬殺ともいえる速さで討ち取った。

光秀は隙をついて急襲したとはいえ、あの信長を仕留めたのである。光秀も相当の武将だったことは間違いない。しかし、光秀は「信長さえ仕留めれば、どうにかなる」「信長軍団は、〝信長〟で持っており、信長が倒れれば崩壊する」「信長軍団を引き継いで統率できる者は、自分以外にいない」と考えてしまった――そこが、大きな誤算だったのである。

秀吉の欠陥

秀吉は、信長がつくった〝最高傑作〟といえるだろう。

だがこの秀吉にも、大きな欠陥があったことをここで述べておく。

信長と秀吉は、性格が違うとよく言われる。信長は「鳴かぬなら殺してしまおうホトトギス」で、秀吉は「鳴かぬなら鳴かせて見せようホトトギス」だという具合に、対比して語られる。〝才能はあるが短気な〟信長に対して、〝辛抱強く実行力のある〟秀吉――というイメージを持っている人も多いはずだ。

だが、それぞれの経済政策面を見ていくと、二人はまったく同じ方向を向いていたことがわかる。秀吉は「物事を迅速に丁寧にやり遂げる」能力が異常に高かったので、信長のやろうとしていたことを次々にやり遂げていったのだ。

というより**秀吉は、「信長のコピーをしていた」**のである。

秀吉が行った代表的な経済政策である、

・大坂城築城と商都大坂の建設
・主要な金山、銀山の直轄化
・太閤検地
・石高制度

等々は、信長が計画し、すでに着手していたことをそのまま実行したに過ぎない。秀吉は信長よりも、丁寧に仕上げたという点は評価できる。だが、根本のアイデアは信長発なのである。

経済政策を見ていく限りでは、秀吉自身の独創によるものというのは、あまりない。いや、秀吉に独創性がないのではなく、信長に独創性があり過ぎたともいえよう。

秀吉は、「信長教」の第一の信者だともいえた。

「信長のいうことに従っていれば間違いはない」

秀吉はそんなふうに固く信じて行動してきたフシがある。そして信長の死後は、信長のプランをひとつずつ丁寧に実行していくことを第一義にしてきた。

それが実は、秀吉の墓穴を掘ることになる。ここに秀吉の欠陥が露呈するのだ。

大坂城建築も、信長のアイデア

秀吉の経済戦略が、信長のコピーだったということについて、具体的に見ていきたい。

まず、秀吉の代名詞ともなっている「大坂城」の築城だ。これも、実は信長のアイデアである。大坂という土地が、天下を治める上でいかに適しているか、それに最初に気付いたのは信長だったのである。

大坂はそもそも石山本願寺の本拠地があったところである。信長は石山本願寺を攻めあぐね、最後は朝廷を動かして、開城を条件に和睦した。信長は石山本願寺が開城するや、三日間、昼夜を問わず焼き尽くしたという。

しかし、この地をうまく利用しない手はない。大坂は瀬戸内海に面しており、当時の日本最大の商都だった堺とは目と鼻の先である。そして、淀川を伝えば、すぐに京都に出ることができる。「流通」を常に念頭に置いていた信長にとって、大坂は理想的な首都だったのである。

信長は石山本願寺の跡地にすぐに巨大な城の建築を開始した。その総普請奉行を命じられたのは丹羽長秀《にわながひで》である。丹羽長秀は小牧山城、岐阜城、安土城も手掛けた名築城家である。

天正10（1582）年に本能寺の変が起きたとき、すでに〝大坂城〟の築城はかなり進んでいたという。この建設途中だった城をスケールアップして完成させたのが、秀吉の大坂城なのである。

もうひとつ、秀吉がとった「城下町を繁栄させる方法」も、信長とウリ二つであり、信長のコピーともいえる政策だ。

秀吉は、区画整備をした上で、税金を安くすることで、堺や京都の商人たちを大坂に呼び寄せた。もともと非常に利便性の高い土地だったので、瞬く間に商都として繁栄している。

そうして**大坂は、江戸時代に入っても、日本最大の商都となった。大坂は北前船の発着点でもあり、交通の利便性において、江戸よりもはるかに優れていたのだ。**

信長の先見性、独創性というのは、やはり目を見張るものがあるといえる。

太閤検地も、信長のアイデア

秀吉というと「太閤検地」という有名な経済政策がある。大まかに説明すれば、「全国の農地を細かく測量し、収穫物の概算を出して年貢の基準を決めた」のである。この太閤検地も、最初のアイデアは信長が出している。

太閤検地は、それまでの大名による検地とは違い、全国的に「縄入れ（実測）」が行われるという、徹底したものだった。

それまではほとんどの場合、農民側が自主的に帳面を出す（「差出」と呼ばれる）ことで、検地としていた。

検地というのは、農地の実際の面積を測り、農民の実収入を把握するのが目的だが、農民は正確に検地されることは嫌がった。農民はこっそり田を広げたり、目につかないところに隠し田をつくったりして、実収入を増やしてきていたからだ。そのため、戦国武将はそんな農民からの強い抵抗を恐れ、あまり正確な検地を強行することはできなかったのだ。

そんな状況にもかかわらず、太閤検地では「詳細な検地を行った」ということで画期的とされているわけだが、実は信長も、すでにかなり細かい検地をしていたことがわかっている。近年の研究では、秀吉の太閤検地までには及ばないが、信長も縄入れ（実測）による検地を行っていたことが明らかになっているのだ。

たとえば天正5（1577）年、越前で行われた検地では、「歩《ぶ》」の単位までが報告されている。このような細かい数字まで出されているということは、実測されたものと推測されるのだ。

また、太閤検地では田畑の所有者、耕作者（納税する者）を一人に特定し、二重の所有などを解消した。これは、二重課税を防ぐためである。

戦国時代のころの田畑というのは、元は貴族の荘園であったものを武家が占拠し、それをまた別の武家が奪ったり、在地の富豪がいつの間にか管理していたり、といった経緯から、「同じ土地の所有者が何人もいる」場合が多かった。そうなると、年貢の二重取りが生じてしまう。

また、耕作する農民のほうも、借金の担保として耕作権を手放したり、年貢が払えずに土地を残して逃散《ちょうさん》してしまったりして、誰が耕作しているかが明確ではないケースがあった。その場合、土地の所有者は、「誰に年貢を払わせればいいのか」がわからない状態になっていた。

そのため、所有者を一人に特定し、その農地を耕作している農民の氏名も特定することで、年貢を払うほう、徴収するほうの関係をスッキリとさせ、二重の負担や徴収漏れがないようにしたのである。

この「農地の名義の整理」も、信長がすでに一部でやっていたことなのである。

戦国以前の年貢は米ではなく銅銭で納められていた

太閤検地では「石高制」を採用しているが、これも信長がやっていたことである。

石高制は、簡単に言えば、「年貢を銅銭ではなく、米で納める」という制度である。

「年貢といえば、米で納めるのが当然じゃないか」と思う人も多いだろう。しかし戦国時代以前の年貢は、実は米で納められていたわけではなかったのだ。中世の日本では、銅銭による貨幣経済がかなり進んでおり、租税は米で納める方法から、銅銭で納める方法にすでに代わっていた。田の広さに応じて銅銭の支払い額を決めて、銅銭で納めさせるのである。これを「貫高制」という。銅銭は「貫」「文」という単位で表されたので、貫高制と言われたのだ。

しかし戦国時代に入ってから、明から銅銭が入ってこなくなったため、年貢を納めるための充分な銅銭の流通量が確保できなくなった。そのため信長は、年貢を銅銭で納める「貫高制」から、米で納める「石高制」に転換したのである。

そもそも「貫高制」は農民にとって負担の大きいものだった。米をわざわざ銅銭に替えなくてはならないのだから、米を作った上に販売まで完了させなくては納税することができないのだ。しかも米の値段が下がれば税負担はたちまち大きくなる。農民としては、不便極まりない税制度だった。「石高制」であれば、取れた米の一部を納めるだけでいい。農民の負担は大きく軽減されたはずである。

天正5（1577）年に行われた越前検地で、初めて米の石高によって年貢が決められた。これを契機に信長は石高制に変更していったのである。

地域の実情に応じ、貫高制のまま据え置いたところもあり、信長の領地がすべて石高制にされたわけではなかった。とはいえ、信長によって石高制が初めて大々的に取り入れられたものであったことは間違いない。

そして、太閤検地では、この石高制を正式な制度として採用したのである。

小牧長久手の戦い――実は追い詰められていた家康

秀吉は、信長のやり方を踏襲しようとしてきたが、当然のことながら、信長とまったく同じようにはできなかった。

秀吉と信長では、まず置かれた立場がまったく違う。

信長は、尾張半国とはいえ、領主の跡取りである。一方、秀吉は、その出生さえよくわかっていない、低い身分の出身である。

戦国時代は「下剋上の時代」だと言われるが、本当に〝底辺〟から這い上がってきた者はほとんどいない。名だたる戦国大名のほとんどは、ある程度の家柄出身者である。生まれ素性がよくわかっていないのは、秀吉とその周辺の人物（加藤清正《かとうきよまさ》など）だけなのである。

現代人が秀吉を好むのは、家門の力は一切借りず、裸一貫から天下人に成りあがったというサクセスストーリーがあるからである。

だが、この秀吉の「境遇」は、天下を目指すには圧倒的に不利だった。信長の真似をしようにも、それができにくい状況があった。

秀吉には、代々の家臣というものがいない。彼が従わせている大名はすべて、もともとは彼よりはるかに身分が高かった者たちなのである。秀吉は武力や政治力で、次々と周辺大名を屈服させていくが、常にその処遇には細心の配慮をせねばならなかった。

そして時には、それが足かせとなることもあった。

小牧長久手《こまきながくて》の戦いの敗北も、その一つといえる。

小牧長久手の戦いというのは、柴田勝家を破って着々と天下を手中にしようとしていた秀吉に対し、信長の次男・織田信雄《おだのぶかつ》と、徳川家康が組んでこれに対抗し、両者が衝突した戦いである。雌雄を決するような大規模な戦いではなかったが、局地戦で家康が大きな勝利をおさめた。

秀吉の敗北の要因は、無理な奇襲を敢行したことである。

秀吉方に加わっていた池田恒興《いけだつねおき》が、再三、別働隊による奇襲作戦を提言し、秀吉はそのような作戦が家康に通じるわけはないと思いつつも、元同僚だった池田恒興の申し出をそうそう断ることもできず、攻撃を許可した。

だが、案の定、家康はこの別働隊の動きをすぐに察知し、待ち伏せして壊滅的な打撃を与えた。池田恒興と元助《もとすけ》の親子と、森長可が戦死するなど、秀吉陣営は大打撃を受けた。

そして、この敗北は、局地戦での敗北ということだけには留まらなかった。秀吉に勝ったということで、家康の名声は天下に響くことになり、当然、秀吉には敗北による傷がついた。

このショックからか、秀吉は、この後、家康との直接対決は避け続けることになった。**力ずくで家康をねじ伏せることを、諦めてしまった**のである。

秀吉は、朝廷などを使った調略によって家康を抑えようとし、最終的には自分の母親を人質に送ることで、ようやく家康に形ばかりの臣下の礼を取らせたのである。

もちろん家康は、心から秀吉に臣下の礼を取ったわけではない。それが結局、豊臣家の滅亡にまでつながっていくのである。

しかし実は小牧長久手の戦いでは、家康側も必死だったのである。

秀吉軍10万に対し、家康軍はわずか1万6000〜1万7000だった。まともに衝突すれば、蹂躙《じゅうりん》されてしまう。そのため家康は、郷村の百姓を総動員する命令を出している。15歳から60歳までの男子に対して召集をかけたのである。まるで太平洋戦争中の日本軍の沖縄戦のようである。この百姓の非常召集により、農地が荒廃し、この年の家康領では飢饉が続出しているほどだ。

もし秀吉が、このとき家康に対して、数にものを言わせて総力戦を挑み、力でねじふせていたならば、江戸時代はなかったかもしれない。

秀吉の土地政策は、自身のアイデア

もちろん、秀吉は信長のすべてをコピーしたわけではなかった。

信長が失敗したことについては、その轍《てつ》を踏まないようにしていた。その最たるものが、「直轄領」である。

前述したように、信長は自分の直轄領らしきものがなく、自分の領地のほとんどを家臣に〝任せて〟いた。任せていたといっても、すべて与えたわけではなく、最終的な指揮監督権は信長にあった。しかも信長は、家臣の所領をいつでも配置換え（転封）することができた。それは、広大な領地を統治する上では合理的でもあったが、当時の武家の「所領」の考え方をかんがみれば、危険を伴うものでもあったことは、前に述べたとおりだ。

そのため秀吉は、自分の所領をすべて家臣に〝任せる〟ようなことはせずに、自分の直轄領はしっかりと確保するようにしていたのである。

秀吉は天正15（1587）年6月18日付で、次のような朱印状を発行している。

「武家たちに与えられた所領というのは、一時的なものである」（原文：其の国郡知行之儀、給人ニ下され候事は当座之儀ニ候）

これは一見、信長の土地政策を踏襲しているようにも見える。しかし、こうした朱印状をわざわざ出しているということは、当時はまだ「与えられた土地は永久に自家のもの」という価値観が強かったことを示すものでもある。まだまだ信長の土地政策を実行するのは難しかったのだ。

秀吉は、こういう朱印状を出しながらも、それほど思い切った転封は行わなかった。転封を命じる場合でも、かなり石高を上乗せしていた。たとえば家康を東海から関東に転封させるときは、120万石から250万石という大増石を行っている。

いずれにしろ秀吉は、信長のように「直轄領を持たない」というところまでは思いきれず、それなりの広さの直轄領を持ち続けていた。大坂を中心とした関西地域一帯と、全国の要所要所に「蔵入れ地」と呼ばれる秀吉直轄領を置いたのだ。

信長のように、「家臣に割り振った領地はすべて、一時的に貸し与えているに過ぎない」ということを本気で実行することはできなかったのである。

キリシタン禁制、南蛮貿易、武器

秀吉はキリシタンを禁制にした。

信長のほうはキリスト教の布教を容認していたので、これも秀吉の「〝先生〟とは違う点」である。

信長の構想を何よりも重んじていた秀吉だが、なぜキリシタンは禁制にしたのか？

それは、キリシタンを容認することのデメリットが目立ってきたからである。

秀吉はキリスト教の布教自体をそれほど怖がっていたわけではない。しかし、**キリスト教布教の背後にある「南蛮貿易」に危機感を覚えていた**のだ。

前述したように、キリスト教の布教は南蛮貿易とセットになっていた。各大名は南蛮貿易によって武器などを調達したいがために、こぞってキリスト教の布教を許してきた。秀吉も当初は南蛮貿易に執着し、独占しようとさえしていたことがある。

だが、南蛮貿易でもたらされる鉄砲、大砲、弾薬などの「武器」は、戦国時代が終われば無用のものである。武器を大量に持つ者が出てくることは、秀吉からすればむしろ脅威である。**天下を統一させ、各地の戦闘をやめさせようとしていた秀吉にとって、これ以上の武器の輸入は思わしくないものだった**のである。

また南蛮貿易には、天下人になった秀吉にとって許しがたい側面をもう一つ持っていた。それは「人身売買」である。ポルトガルは、長崎で日本人の奴隷を買い込み、世界各地に輸出していたのだ。

当時ポルトガルは、アフリカから黒人奴隷を仕入れてアメリカに輸出するという商売を行っていたが、それと同様のことを日本でも行っていたのだ。そのため、当時は、世界各地に日本人の奴隷が見られたという。

またポルトガルやスペインなどは、キリスト教の布教を理由にして、アジアやアフリカを侵攻していた。日本に対しても、その兆候がなかったわけではない。実際に、スペインは、日本への武力侵攻を検討したこともあった。ただ、当時の日本は戦国時代であり、大名たちの戦力が充実していたために、侵攻を断念していただけだ。

秀吉としては、南蛮貿易による経済的なメリットは惜しかったが、他のデメリットのほうが大きかったので、キリスト教を禁教にし、宣教師たちの追放を命じたのである。

秀吉が朝鮮に「出兵した」理由、「失敗した」理由

秀吉は、晩年に大きな過ちを犯してしまう。

それは、「朝鮮征伐」である。

無理な出兵をしたばかりに、無駄に国力を浪費してしまった。そればかりか、子《こ》飼《が》いの大名たち、加藤清正、石田三成《いしだみつなり》らの間に深刻な対立を招いた。そのため、秀吉の死後、豊臣家を支える体制はあっけなく崩壊してしまった。

秀吉が無茶な朝鮮征伐を行った理由については、戦国史の謎の一つともされている。

しかし、秀吉がこれまでとってきた経済政策を丹念に見ていけば、この謎は解くことができる。

何度も書いてきたことだが、「秀吉は、信長のアイデアをそのまま踏襲してきた」、そして、「信長のコピーをすることで成功し、着々と天下を手中にしてきた」のである。秀吉にとって「信長の構想はすべて正しい」のであり、信長の構想を実現することが、自分のため、天下のためと固く信じていた。

そして――**朝鮮征伐もまた、実は信長のアイデア**なのである。

ルイス・フロイスの「日本史」には、信長が「毛利を平定して、日本六十六ヶ国を支配したら、一大艦隊を編成して、明を武力で征服する。日本は我が子たちに分かち与える」と語っていたことが記されている。

つまり信長は、天下統一した暁《あかつき》には、大陸に乗り出して明までを支配下に置こうと考えていたのだ。これは、秀吉の朝鮮征伐計画の元ネタといえるのだ。

しかし、信長のコピーをことごとく成功させてきたのに、朝鮮征伐にはなぜ失敗してしまったのだろうか。

実は秀吉が成功させた「大坂城の築城」も「太閤検地」も「金銀山の直轄化」も「石高制」も、すべてその元となるものに信長は生前着手していた。つまり、秀吉にとってはこれらのことについては、すでに具体的な手本があったわけである。だから、信長のやっていた通りのことをすれば成功した。

しかし、大陸への出兵については、信長はまだまったく着手していなかった。構想は持っていたが、具体的な行動は何もしていなかった。そのため、秀吉としては手本がなく、「どうやってやればいいのかわからない」ものだったのだろう。

朝鮮出兵〝出費の恨み〟を一身に集めた石田三成

朝鮮出兵はいたずらに国力を浪費するばかりで、結局、秀吉の死とともに、撤退となった。

兵を出した大名たちには、当然のことながら論功行賞はほとんど行われなかった。退却戦で功のあった島津義弘に5万石の加増があった程度である。しかも、それは秀吉の死後、家康などのとりなしで送られたものである。

この戦いでは最終的に日本側は撤退しているので、一片の土地も取っていない。だから、褒賞を与えたくても与えられないわけである。しかしそうなれば当然、出兵した者たちは、不満を抱くことになる。そしてこの不満を、石田三成が被ることになった。

帰還してくる武将たちを博多で迎えた石田三成が、

「まず伏見に行って、太閤の喪に弔《ちょう》してから領国へ帰られるよう。明年、入京されたときに茶会を開いて労を慰めたい」

と言うと、加藤清正は、

「君たちは朝鮮に行ってないから茶会を開くこともできるだろう。しかし、私は、朝鮮の戦場で7年間も戦っており、一銭も蓄えがなく、茶もなければ酒もない。稗《ひえ》粥《がゆ》で答礼するしかない」

と答えたという。

もともと石田三成は行政官僚であり、武闘派の加藤清正、浅野幸長《あさのよしなが》らとは仲が良くなかった。しかも三成のほうは、秀吉の死期に傍《かたわ》らにいることができ、ちゃっかり豊臣家五奉行の一人にもなっている。秀吉としては、死期が迫っていたこともあって、とりあえず近くにいて頼りになる石田三成を重用してしまったのだろう。

朝鮮で戦っていた加藤清正などは、当然、面白くない。その対立が、関ヶ原の戦いとなり、豊臣家の滅亡につながっていくのだ。

第12章 家康の〝経済効率のいい〟天下取り

家康はケチな「火事場泥棒主義」？

ご存じのように、100年に及ぶ戦国時代を最終的に制したのは、信長でも秀吉でもなく、家康だった。

家康は、前の二者と比べると、大きく異なる部分がある。

それは、信長と秀吉は、「自分が天下を取るんだ」という強烈な意志のもとで、常に能動的に動いていたということである。彼らは天下取りのために、大きな賭けを幾度も行い、その賭けに勝利することで、飛躍してきた。

一方、家康は、天下取りの最終局面に至るまで、受動的だった。別の言い方をすれば、決して無理をしなかった。

近くに巨大な勢力がある場合は、その勢力に反抗せずに辛抱強く付き従った。自分からは、決して巨大な勢力に立ち向かっていこうとはしない。しかし、その勢力が弱まったときには、容赦せずに版図を切り取った。

その行動を端的に表現すれば、非常に経済効率がいいものであった。

敵が強いときにこれを破ろうとすると、大きな出費を強いられる。

味方を増やしたり、家臣に大きな働きをさせるためには、それなりの対価が必要になってくる。信長や秀吉は、この大きな対価を支払っていた。自分の勢力を拡大するために、敵方から寝返った武将たちの所領を安堵したり、有能な武将を引き抜くために、大きな褒賞を与えたりもしてきた。

もちろん、家康も同様のことをしてはいるが、その規模は非常に小さい。

家康は無理に版図を拡大せずに、敵の大将が倒れたりして、権力の空白が生じたときに一気呵成《かせい》に攻めたてたのだ。**敵が弱っているときにこれを叩けば、あまり費用を掛けずに領土を拡張できる。味方の損害も少ない。**いいことづくめである。

この「火事場泥棒戦法」の唯一の欠点は、自分から能動的に動けないということである。相手がいつ弱るのか、いつ失敗するのかは、わからない。いつ来るかわからない幸運を辛抱強く待たなくてはならないのだ。

だが、家康は若いころから、この〝幸運〟に恵まれていた。

その最初の幸運は、桶狭間の戦いである。前述したように、桶狭間で今川義元が討たれたため、家康は人質生活から解放され、国も復活させることができた。その次が、本能寺の変だろう。ここでも家康は、大きな果実を得ることができた。

つまり家康は「辛くてもじっと我慢していれば、いずれ絶好の機会が来る」ということを体験的に知っているのである。だから、信長や秀吉のように焦って無理なことはしなかったのだ。

「ドサクサに紛れて実利を得る」

家康のやり方というのは、下世話な言い方でいえば、「ケチ」なのである。

家康は、とかく「ケチ」だった。国を治める場合も、戦争をする場合も、自分から大きな出費をしたり、無理をしたりすることはなかった。

少し歴史が好きな人ならば、信長や秀吉がどうやって天下を統一していったのか、その過程をだいたい知っているだろう。だが、家康のことは、相当な歴史好きであっても、実はあまり知らないのではないだろうか？

家康は幼少期の人質生活からスタートして、関ヶ原前の時点で２５０万石という日本で最大版図を持つ大名になっている。しかし、家康がどうやって領地を広げていったのか、その過程はほとんど知られていない。それもそのはずで、**家康の版図拡大の過程というのは、面白くもなんともない**のだ。

信長であれば「桶狭間の急襲」や、「信長包囲網との息づまる戦い」など、ドラマチックな要素が多々ある。秀吉の場合も「中国大返し」や、柴田勝家と雌雄を決する「賤ヶ岳《しずがたけ》の戦い」など、小説や映画のネタになりやすい、ストーリー性の高い出来事がある。

しかし家康の場合は、重要な戦いのほとんどが、火事場泥棒のようなものばかりなのである。

信長や秀吉は、天下を統一するという強い意志を持ち、周りにも公言し、そのための計画を立て、一つずつ実行に移してきた。

家康は違う。日頃は「私は野心も何もありません」という顔をして、周辺勢力に気を使い、大人しく暮らしている。そして、何か事が起きたときには、ドサクサに紛れて、何食わぬ顔で美味しいところを持っていくのである。

主君の不幸のときに〝大飛躍〟する家康

家康に「我慢強い律義者」というイメージを持っている方も多いだろう。

信長の同盟者として、姉川の戦い、長篠の合戦など数多くの戦いに引っ張り出され、大した褒賞も与えられず、信長の家臣よりもこき使われた。また長男・信康《のぶやす》は、信長から「武田方に通じている」という疑いをかけられ、切腹させられている。信康は聡明だったとも伝えられており、家康のショックも大きかったはずだが、そうしたことにも我慢強く耐えてきた。

こういう点だけを見ると、確かに「徳川家康は誠実で辛抱強い」ことになる。

ところが、家康には、「非常に冷酷でチャッカリしている」という面がある。というのも、**家康は「主君の不幸のとき」に大飛躍しているの**である。

「主君」といっても、家康が誰かの家臣になったわけではない。近隣の巨大勢力に屈し、主従同然の関係を強いられてきたという意味である。そういう意味で家康は、生涯で二度、「主君」に仕えている。そして、その両方の「主君」がドラマチックな最期を遂げており、家康はその二度の機会を、これ以上ないというほどうまく捉えて、自分の飛躍につなげているのである。

最初の飛躍は、「桶狭間」である。

桶狭間の戦いの当時、家康は今川方の人質として今川軍に従軍していた。そして、敵勢力内での兵糧の搬入という危険な業務に従事させられていた。

そんな中での、今川義元の討死である。

今川家が大混乱している中で、家康は人質状態から抜け出し、今川から独立。そして、今川の影響力が弱まった三河国を平定し、今川を討った信長と同盟を結んだのである。弱っている今川を踏みつけにして飛躍したのである。

二度目の飛躍は、「本能寺」である。

本能寺の変の直前、家康は信長に招かれ、少人数の家臣のみで堺見物をしていた。そんな中で信長が光秀の襲撃を受けて自害する。

本能寺の変の後、織田領では大きな混乱が起きる。とくに甲斐、信濃などの旧武田領は、わずか3カ月前に武田家の滅亡によって領有されたばかりである。それまで信長と協調の姿勢を取っていた北条氏が大軍で侵攻の構えを見せ、織田軍現地司令官の滝川一益などは命からがら近畿に逃げ延びた。

それに乗じる形で、家康も甲斐、信濃に侵攻するのである。

家康は織田領だった甲斐をすぐに併合しようとし、河尻秀隆に甲斐を明け渡すように使者を送った。河尻秀隆はこれに激怒し、使者だった本多信俊《ほんだのぶとし》を殺すが、河尻も蜂起した武田の遺臣に殺害された。

このあたりを見ると、家康が決して律義者などではないことがわかるはずだ。同盟者（というより主君に近い存在）である信長が死んだ途端に、その領地に侵攻しているのだ。

その後、家康は北条氏政《うじまさ》と一時は鋭く対立する。が、やがて協調し、旧織田領のうち甲斐と信濃を家康が、上野《こうずけ》を北条氏政が支配するということになった。これで家康は5カ国の領主となったのだ。

本能寺の変の後、飛躍したのは秀吉ばかりではなかった。派手さはないのだが、家康もこのときに大大名としての基盤を築いていたのである。

秀吉が墓穴を掘った小田原征伐

ご存じのように小田原征伐というと、関東一円に勢力範囲を持ったまま、いまだに戦闘をやめない北条氏を、秀吉が力づくで征伐した戦いである。

この小田原攻めにおいて、秀吉は20万もの大軍を動員し、わずか80日で巨大な付け城「石垣山城」をつくるなど、破格のスケールで北条方を圧倒した。その後、国内情勢は急速に安定したため、これが「秀吉の天下を決定づける出来事」として捉えられることが多い。

秀吉の凄さばかりが目につく小田原征伐だが、水面下では秀吉と家康による激しい冷戦が繰り広げられていた。そして家康は、その冷戦に圧倒的な勝利を収め、秀吉は致命的な墓穴を掘っているのである。

この小田原征伐では、家康は実は主力として八面六臂《はちめんろっぴ》の働きをしていた。

なぜか？　秀吉の天下のために、身を粉《こ》にして働いたのだろうか？

もちろん、そんなわけはない。

家康は、この小田原征伐において領土拡張をもくろんでいた可能性が高いのである。そして実際、家康は領土の大拡張に成功しているのだ。

秀吉が天正15（1587）年に出したとされる「関東・奥両国惣無事令《そうぶじれい》」は、実は徳川家康に命じたものである。

「関東・奥両国惣無事令」は、関東と奥州では今後、戦闘をしてはならないという命令であるが、秀吉はその実行を徳川家康に命じたのだ。

つまり、関東、奥州地域で、私闘（戦闘）が起きた場合、その鎮圧には徳川家康があたるということである。

これは、形の上では、秀吉が上の立場から徳川家康に命じただけのように見えるが、家康にとっては〝うまみ〟のあるものだった。もし関東で争闘が起き、家康がそれを鎮圧した場合、その功績は家康のものになる。鎮圧された側は領地を取り上げられたり、縮小されたりするのが常だが、そこで浮いた領地は徳川家康が「いただく」可能性が高いということである。

いや、秀吉はそういうことは想定していなかったかもしれない。単に、関東の戦闘禁止の目付役を家康に命じただけのつもりだった可能性もある。

しかし、家康はそうは取らなかった。この機会に領土を拡張しようという意志があったのである。だからこそ家康は、小田原征伐のときに第一線に立って働いたのだ。

秀吉軍は20万の人員を頼み、小田原城を二重三重に包囲して閉じ込め、孤立した「周辺の支城」を落とす作戦を立てた。そして家康軍は、この「周辺の支城」を落とす際に、存分に力を発揮した。北条軍の主力は小田原城に詰めているので支城の兵は少数だった。これを落とすのに、労力はいらなかった。

そして家康が落とした城は、当然のことながら、家康軍が駐留するし、その地域には家康の軍政が敷かれる。建前としては〝秀吉の代理〟として城に駐留しているだけだが、実質的には家康がその城を奪ったも同然なのである。というのも、家康がその城に居座ってしまえば、秀吉がそれをどかすのはそう簡単ではないからだ。

「房総治乱記《ぼうそうちらんき》」ではこのときのことを次のように述べている。

「家康公の御威光の前には、一日中五十の城落とさる」

これを見ても家康が前面に立って、城攻めをしていたことが伺える。1日で50の城を落とした、というのは大げさだとしても、支城の多くが家康の軍勢とその威光によって落ちたことは間違いない。


小田原征伐において、もっとも功績があったのは、間違いなく家康だった。秀吉もそのことは重々承知しており、家康に相当の褒賞を与えなければならなかった。が、秀吉としても、家康にこれ以上、力をつけられると困る。

そのため、苦肉の策として、北条氏の旧領の大半を与える代わりに、現在の遠江、駿河地域から出ていかせるという「転封」を命じた。

この転封は、家康にとっては先祖伝来の地を離れるということであり、不利な点も多々あった。だが、何しろ100万石の加増になるのだ。家康のそれまでの石高は120万石程度であり、旧北条の領土は約250万石だった。

結果、家康の版図は、秀吉の版図を越えるものになった。

いずれにしろ、この戦いについても、**小田原征伐でも家康の「火事場泥棒主義」は健在だった**わけだ。

そして、この戦いについても、家康が自分の意志で挑んだものではない。秀吉が天下人の威厳で諸侯に号令を下し、北条家を征伐しようとしたものである。徳川家と北条家は、ちょっと前までは同盟関係にあった。その北条家の滅亡に際し、家康はこれ以上ないというほどの火事場泥棒を行ったのである。

秀吉の誤算――領地から得られるのは〝経済力〟だけではない

当時の秀吉の直轄領は222万石であり、関東移封後の家康は、それをしのぐことになる。そのような危険な処置を秀吉はなぜ行ったのか？

一つには、秀吉には、石高以外の経済力で、家康を圧倒しているという自信があったのだろう。

秀吉は、全国の主な金山銀山を手中に収めていた。それだけで相当の経済力を生んでいた。慶長3（1598）年の豊臣氏の蔵納目録には、4399枚の金と9万

３３６５枚の銀が入っている。これは、石高になおすと約３００万石になる。

つまり、秀吉は領地からの収入２２０万石と合わせて、５２０万石の収入があったのである。家康の倍以上の経済力があったということである。

また秀吉は京都を押さえた上に、大坂という日本最大の商業地をつくり、全国の流通を押さえていた。そのため**秀吉の実質的な経済力は家康の数倍はあった**ものと見られる。だが、それでも家康に２５０万石もの大領地を与えたのは、後年の目からではあるが、やはり失敗だったと言わざるを得ない。

領地というものには、経済力だけでは測れない強みがある。領地には、そこから採れる農産物だけではなく、「人」も付随しているからである。大領地を持つということは、そこに住んでいる多くの人々をも傘下に治めるということである。そしてそれは、軍事的な動員力となって表れる。

当時の兵の供給場所というのは、圧倒的に郷村だった。町中から兵を募集する「傭兵」のようなことは、あまり行われていなかった。関ヶ原以降は浪人が町にあふれたため、大坂の陣では大坂方が浪人を大量に雇い入れるということがあったが、それ以前は、兵の供給元は主に郷村だったのである。

当時は現代のように貨幣経済が発達していなかったので、いくら金を持っていても、それだけで多くの兵を動員することは難しかったのだ。

だから、郷村を多く持っているほうが、兵の動員力も大きくなるということである。

もちろん、豊臣恩顧《おんこ》の大名も多々いたことから、それらを合わせれば、家康を凌駕する。ただ、家康の領地の広さ、つまり兵の動員力は、やはり秀吉政権にとっては大きな不安要素となったことは確かである。

関ヶ原は「非常に経済効率のいい戦い」だった

ここまで、「家康がいかに火事場泥棒的に領土を増やしていったか」を述べてきたが、実は関ヶ原の戦いにおいても、家康は同様のことを行っている。

関ヶ原は現在でこそ「天下分け目の戦い」と言われているが、それは結果的にそうなっただけである。家康が天下を取るという強い意志を示して、旧豊臣勢力に挑戦した戦いではなかった。

戦いの発端は豊臣恩顧大名たちの内輪もめだった。家康は、豊臣系大名たちの深刻な亀裂をうまく利用し、戦争にまで発展させ、最終的な果実のほとんどを持っていったのである。

東軍（家康側）に参加した諸将は、家康のために戦おうとしたわけではなく、西軍の石田三成などを懲らしめるために戦ったのである。

しかし、結果的には、家康が天下を手中にすることになった。「何か大事が起きたときに、ドサクサに紛れて一番美味しいものを得る」ということにかけて、家康は天才的だったのである。

しかも関ヶ原の戦いは、勝者側から見れば非常に経済効率のいい戦いだった。

というのも、関ヶ原で敗れた西軍から没収した石高は、630万石にも上るのだ。つまりは、わずか数時間の戦い（前哨戦を入れても1カ月足らず）で630万石もの褒賞を得たようなものである。**これほど経済効率のいい戦争は、戦国時代を通じて他になかった**ともいえる。

そして、この褒賞の多くを分捕ったのは、家康なのである。

家康自身への加増と、身内への加増だけで300万石を越えていた。また、家康は全国の主要な金山、銀山や、堺などの主要港も手に入れている。

関ヶ原の戦いでは秀吉恩顧の大名たちも多く家康陣営（東軍）に加わったが、彼らに与えられたのは合計でも200万石程度だったのである。しかも、彼らの多くは近畿周辺から、中国、九州、四国などへ転封させられたため、実質的には加増ではなく、現状維持か減石といえた。

西軍が没収された630万石にも、カラクリがある。

没収された石高が多い大名を順に並べると、1位は豊臣秀頼で222万石から156万石も削られて、66万石になっている。2位は毛利輝元で120万石から90万石以上削られ、29万8000石、3位は上杉景勝《かげかつ》で120万石から90万石削られ、30万石になっている。

この3者はいずれも、関ヶ原に直接参加しているわけではない。豊臣秀頼などは西軍にさえ入っていないにもかかわらず、家康から難癖をつけられて、全国の豊臣の蔵入れ地などを奪われ、大きく減封されてしまった。

毛利輝元も、表向きは西軍の総大将だったものの、関ヶ原の戦いには参加しなかった。一説には、家臣が家康と内通しており、所領安堵を条件に参戦しなかったという。しかし、家康はその約束を反古《ほご》にして、大幅に減封したのである。

関ヶ原前の石高では、徳川家康が1位で、2位が豊臣秀頼《ひでより》、3位が上杉景勝、4位が毛利輝元《てるもと》である。つまり関ヶ原の戦いにより、2位、3位、4位の大名の石高が大きく削られたということになる。徳川家康にとっての強敵の上位者が、大きく力を損なわれたのである。

関ヶ原以前の石高では、1位の家康250万石と2位の秀頼220万石は均衡しており、秀頼が誰か強い大名を味方につければ、簡単に家康を凌駕することができた。

しかし、関ヶ原以降では、1位の家康は400万石で、2位の前田利長は120万石である。1位と2位の間には、ダブルスコア以上の差がある。だから、2位の前田利家は強い大名を5~6名味方につけなければ、家康に対抗することができなくなった。

家臣も含めた徳川一族の版図は800万石であり、当時の日本の領土の25%に達していた。これは、鎌倉、室町、豊臣の各時代の政権の版図に比べて圧倒的に大きい数字だといえる。つまり、**徳川幕府というのは、鎌倉、室町、豊臣に比べて、は**

るかに財政基盤の強い政権だったのだ。

この圧倒的な、軍事的・経済的な優位があってこそ、江戸時代は250年以上も続いたのである。

家康が「大坂の陣」で豊臣を滅ぼした経済的理由

ご存じのように、家康は最晩年、豊臣家に無理やり戦いを挑み滅ぼしてしまった。

豊臣家が再建した京都の方広寺の鐘に「国家安康」の銘文があったため、「家康という字を引き裂いているものであり、家康に叛意がある」という疑いをかけて、大坂に攻め入った。

京都の方広寺というものは、そもそもは豊臣秀吉が大仏をつくるために建立した寺である。秀吉は戦国時代に焼失した東大寺の大仏に代わるものをつくろうとしたのだ。

が、方広寺の大仏は、文禄5（1596）の伏見の大地震のときに倒壊し、秀吉の死によってそのままになっていた。

それを家康が「秀吉公の遺志を遂げてはどうか」と豊臣秀頼にけしかけ、大仏を再建させ寺を整備させたのである。家康としては、大仏をつくらせることで豊臣家の財政力を削ぐ狙いがあったと見られる。豊臣家としても、関ヶ原の戦いで天下を手中にした家康の提言を突っぱねることもできなかったのだ。

そして家康は大仏をつくらせた後に、方広寺の鐘に難癖をつけて開戦まで持っていったのだ。

この大坂の陣でのあまりの強引さと狡猾《こうかつ》さにより、家康は後年の印象を悪くしている。

家康が「たぬきオヤジ」などと呼ばれるのも、この大坂の陣のイメージからくるものが大きいはずだ。

関ヶ原の戦いの後、豊臣家はその勢力を大きく減じていた。豊臣秀頼は、関ヶ原の戦いに参戦していないにもかかわらず敗戦側と同様の扱いを受けた。２２２万石あった領地は、66万石まで削られたのだ。大名の規模として徳川幕府勢力の10分の1以下となり、もはや徳川家の脅威とは言えないものだった。

また豊臣家の恩顧の大名たちも、家康に遠慮して豊臣家と距離を置くようになっていた。豊臣家が徳川幕府に挑戦してくるようなことは、もはやあり得ない状況となっていた。

なのに、なぜ家康は執拗に豊臣家に難癖をつけ、滅ぼしてしまったのか？

その背景には、大きな経済問題があるのだ。

関ヶ原の戦い当時にもあった「江戸の僻地《へきち》問題」が、実はまだ解決されていなかったのである。

豊臣家が領有する「大坂」という地は、江戸時代初期、日本最大の商都だった。というより、**江戸時代初期だけでなく、20世紀の中盤まで大坂は日本最大の商業都市であり続けたのだ。**関東が近畿を抜いて日本最大の商工業地域になったのは第二次大戦後のことなのである。

だから、戦国時代や江戸時代においては、さらに大坂の存在感は大きかった。江戸などは大坂に比べればまだまだ僻地だったのである。江戸時代を通じて、江戸は商工業品の多くを大坂からの「輸入」に頼っていたのである。

また大坂の目と鼻の先には、堺という重要な港がある。堺が、当時の日本の国際貿易や流通において、最大の港だったことは前述した通りである。海外からの重要な軍需物資の多くは、この堺港から入ってくるのである。

この堺港は、関ヶ原の戦い後には、徳川家によって接収され、管理されていた。

しかし、もし徳川と豊臣の戦争になれば、大坂にいる豊臣方は簡単にここを占領できる。実際に、大坂冬の陣の直前には、堺港は豊臣方から攻撃を受け、あっさり占領されている。

大坂、堺を押さえるということは、日本の軍需物資の大半を押さえるということでもある。南蛮船や明から運ばれてくる武器や火薬、日本全国から集められる食糧などが、ここでせき止められることになる。

信長が堺港を押さえたことにより、武田信玄など東日本の武将たちが干上がったように、家康も秀頼に干上がらされる恐れがでてくる。

しかも大坂には秀吉が建てた難攻不落の大坂城がある。

この大坂に秀頼が居座り続けているということは、家康にとっては目の上の巨大なたんこぶだった。家康としては、最悪でも秀頼には大坂から動いてもらわなければならなかった。

家康は、大坂の陣の前の交渉で、何度も豊臣家に大坂からの移転を打診した。大和国か伊勢国に転封すれば戦争はしない、と。が、秀頼は、大坂から動くことは、頑として受け付けなかった。

それが、大阪の陣勃発の大きな要因だといえる。

慶長19（1614）年に、豊臣と徳川の激突となる「大坂冬の陣」が始まった。家康の恐れていた通り、大坂城は強大な威力を発揮した。

大将の豊臣秀頼は戦闘経験もなく兵の主力は浪人の寄せ集めであり決して統率が取れているわけではなかった。また兵数は10万人程度であり、徳川方はその倍の20万人を動員していた。しかも徳川方は、金に任せて最新の攻城兵器である「大砲」を大量投入していた。

にもかかわらず、大坂城は徳川の兵を寄せ付けなかった。が、豊臣方も味方につく大名はおらず、このまま城に籠っていてもジリ貧になるという不安を持っていた。

そのため両者の間で「講和」が結ばれた。このときに講和の条件として、堀の埋め立てや二の丸、三の丸の破却が決められた。

が、半年後には講和が反故にされ、大坂夏の陣が始まった。さすがの大坂城も内堀以外をすべて埋められた状態では防御のしようがなく落城。秀頼も自決した。

この大坂城落城により、家康は頭痛の種だった「豊臣家」を取り除くことができた上に、莫大な経済的恩恵を受けた。豊臣家の遺領はすべて徳川家の直轄領とされ、家康は日本最大の商都「大坂」を手に入れることになったのだ。

こうして徳川幕府は、ほかを圧倒する強大な経済力を保持することになり、それが270年に及ぶ長期政権の礎《いしずえ》となったのだ。

そしてご存じのように家康は、大坂夏の陣の翌年、精も根も尽き果てたというように没している。

気前のいい信長が斃れケチな家康が天下を獲った理由

家康が莫大な資産を蓄積し江戸時代270年の平和を築けたのは、その巧みな人事戦略も大きな要因である。

家康も信長も門閥《もんばつ》などにこだわらず有能な人材を大抜擢してきた。

信長は、途中入社組だった明智光秀や荒木村重を大抜擢し、広大な所領もしっかり与えているのだ。

それに対して家康は家臣に対して、極力、所領を与えなかった。

たとえば本多正信《まさのぶ》は徳川家の重臣であり、家康の側近中の側近だったが、終生1万石しか与えられなかった。これは「大きな謎」として、司馬遼太郎は小説のテーマにしたほどである。

しかし、家康の人事政策を総体的に見ていくと、これはあまり大きな謎ではない。

家康は「裏切り者でも帰参すれば許し、能力があれば重用はする」という方針を採っていた。が、この人事方針にはもう一つ重要な項目がある。

「帰参者や新参者は重用しても広い領地は与えない」

ということである。

家康は「裏切り者」だけではなく、「途中入社組」にも、「重用はするが領地は与えない」という方針を適用した。

ここが信長と大きく違うところである。

この当時、領地を与えるということは、兵を与えるということでもあった。領地には必ず兵が付随してくる。領地をもらった武将はその領地に見合うだけの兵を養うのが義務だったからだ。それは逆に言えば、家臣に「叛乱する武力」を与えるということでもある。

だから、家臣に領地を与える場合、褒賞としての意味合いだけではなく、その家臣の信頼性や野心など様々な面を検討しなければならないのである。

信長ももちろんそういう検討は行っただろう。

しかし信長の場合、褒賞としての意味合いを重視し、そのほかの面をおろそかにしてきたきらいがある。

もし明智光秀にあれほどの領地、大軍を任せていなければ、本能寺の変は起きていないだろう。信長は「付き合いの浅い社員を信用しすぎた」ともいえる。

一方、家康の方は、どの社員も能力のある者は重用するが、広い領地は古株で信用できる社員にしか与えないという方針を貫いた。

これは、家康が独自に考案した人事政策だったかもしれないし、信長の失敗を見て導き出したものかもしれない。

いずれにしろ、家康は「本能寺の変」が起きないような人事を行っていたということである。

そもそも家康は、家臣に与えてきた所領が驚くほど少ない。

「関ヶ原の戦い」までは、家康の家臣の中で、10万石以上を与えられた家臣はたった3人だった。その3人とは、井伊直政、榊原康政《さかきばらやすまさ》、本多忠勝《ほんだただかつ》である。家康の懐《ふところ》刀《がたな》と呼ばれた本多正信は、関ヶ原以前には1万石しか与えていなかった（関ヶ原後に2万2千石になる）。

関ヶ原の後でさえ、徳川の家臣たちは決して多くを与えられなかった。

家康は関ヶ原の後、直轄領だけで400万石の大阪図を手にするが、譜代大名の筆頭である井伊家に与えられた所領は、わずか30万石である。

単純な比較は難しいが、元の同僚だった前田利家に100万石近くを与え、子飼いの家臣たち、加藤清正、福島政則、石田三成に次々に20万石前後の領地を与えた秀吉とは真逆ともいえる。

これは、家康の性格によるものもあるだろうが、家康の強みでもあった。

秀吉は裸一貫で成り上がった武将なので、家臣は皆、自分の代に付き従ったものばかりである。また元同僚が、家臣になったケースも多々ある。そのため、家臣に多くの物を与えないと、自分についてきてくれなかったのである。

一方、家康は、自分の周囲は、代々の家臣できっちり固めていた。彼らは、それほど大きな褒賞を与えられなくても、家康から離れることはない。今川、織田に挟まれて瀕死だった松平家を知っている家臣たちは、わずかでも所領が増えれば、それで御《おん》の字だったのである。

また家康は、前述したように無理に版図を広げずに、敵が弱まったときに一気に侵攻をかけた。そのため、家臣に対する褒賞や、敵から寝返った武将への代償なども、それほど多くなくて済んだのである。

まあ、それにしても、400万石を手にしながら、筆頭家老にその1%も与えないというのは、性格的に家康が相当にケチだったということもあるだろう。

家康がキリスト教を禁じた経済的理由

秀吉の後を継いだ家康は当初、キリスト教の布教に寛容だった。家康は、征夷大将軍になったとき、イエズス会やキリスト教勢力と和解している。

「秀吉が壊した外交関係は、一旦、修復させてみる」

というのが家康の方針だったようだ。

が、あるときを境にキリスト教を全面的に禁止することになる。

しかも、それは秀吉のときのバテレン追放令のように「自発的にキリスト教を信仰する分は構わない」というような緩いものではなく、キリスト教を完全に禁教にしてしまうのだ。

家康がキリスト教を禁止したのは、慶長14（１６０９）年に起きたポルトガルとのトラブルが契機になっていた。日本の朱印船が、マカオでポルトガル船のデウス号とトラブルになり、乗組員60人が殺されてしまったのだ。その報復として、日本側は長崎に入港していたポルトガル船のデウス号を撃沈させた。この一連の出来事では、幕府の役人と肥前《びぜん》日野江《ひのえ》藩主の有馬《ありま》晴信《はるのぶ》との間に贈収賄事件なども絡み、江戸幕府草創期の大不祥事ともなった。

この事件により、慶長17（１６１２）年に家康はキリスト教を完全禁教にした。

しかし、この事件は、単なるきっかけに過ぎず、家康はキリスト教禁教の機会をうかがっていたのである。

家康は、天下人になって以降、諸大名の軍事力を削減させようとしてきた。築城や城の改築などは原則禁止で、特別な理由があるときだけ幕府が許可した。また慶長14（1609）年には500石積以上の大船建造が禁止され、諸藩が所有している大船は没収された。

このように諸藩の軍事力を削減させようとしているなか、スペイン、ポルトガルとの南蛮貿易は害が大きかった。

しかも、スペイン、ポルトガルは軍事的にも不穏な動きがあった。長崎はイエズス会の領地のようになってしまっていた。またキリスト教徒たちが、日本各地の寺社を破壊することもたびたび起こっていた。

スペインにいたっては、日本への武力侵攻を検討したこともあった。当時の日本は、戦国時代で、大名たちの戦力が充実していたために、侵攻を断念しただけだったのだ。もし、日本が戦国時代ではなかったら、ほかの東南アジア諸国のように、スペイン、ポルトガルから侵攻されていた可能性もあるのだ。

それらのことを総合的に判断し、キリスト教全面禁止に踏み切ったものと考えられる。

南蛮貿易を幕府が独占する

家康が、キリスト教を完全に禁じたのは、「キリスト教の危険性」のほかにもう一つ大きな理由があった。

幕府が独占的にオランダと交易するためである。

家康は、オランダと奇妙な縁があった。

家康がまだ征夷大将軍になる前の慶長5（1600）年4月、豊後国（現大分県臼杵市）などにオランダ船のリーフデ号が漂着した。

臼杵藩の藩主、太田一吉《おおたかずよし》は乗組員を保護し、長崎奉行に報告した。そしてリーフデ号は大坂に回航されることになった。

関ヶ原の戦いの少し前であり、まだ豊臣政権だったときのことである。この時期、豊臣政権の番頭格だった石田三成は失脚して領国に戻っており、事実上、家康が政務を取り仕切っていた。

そのため家康がリーフデ号の検査、尋問などをすることになった。日本にいたスペインのイエズス会の宣教師たちは、リーフデ号のことを聞きつけ、家康に処刑するように注進した。

イエズス会というのは、カトリック・キリスト教の修道会であり、当時はプロスタント・キリスト教と激しく対立していた。リーフデ号の母国オランダは、プロテスタントの国である。だから日本在住のイエズス会としては、プロテスタントの勢力が日本に及ぶことを非常に恐れていたのである。

しかし家康はイエズス会の宣教師たちの注進は聞き入れず、リーフデ号を浦賀に回航し、乗組員を江戸に招いた。

家康はリーフデ号の乗組員から海外情報などを仕入れ、一部の乗組員は家臣として取り立てた。幕府の要人となった外国人、ヤン・ヨーステンや三浦按針《みうらあんじん》の日本名で知られるウィリアム・アダムスはこのリーフデ号の乗組員だった。

このヤン・ヨーステンやウィリアム・アダムスから、家康は当時の西洋の国情や宗教事情などを詳しく聞いたようである。

当時のキリスト教では、ルターの宗教改革から生まれた「プロテスタント」が急激に勢力を拡大している時期だった。

「プロテスタント」は、免罪符に象徴されるような教会の権威主義、金権主義を批判し、純粋な信仰に戻ろうという宗派である。そして、旧来からの教会である「カトリック」と、新興宗派である「プロテスタント」は激しく対立していたのである。

スペインやポルトガルは、カトリックの国だった。

彼らが、大航海をして世界中に侵攻していたのも、実は、カトリックとプロテスタントの対立が影響していたのである。プロテスタントに押されていたカトリックは、少しでも多くの信者を獲得するために、積極的に世界布教に乗り出したのだ。

戦国時代に日本にやってきたスペイン、ポルトガルの宣教師たちは、皆、この流れに沿ったものなのである。

が、一方、オランダはプロテスタントの国だった。

オランダは、新興海洋国でもあり、スペインやポルトガルに続いて、世界中に進出し、貿易や侵攻を行っていた。

オランダの場合、キリスト教の布教も行っていたが、それはメインの目的ではなく、金儲けが最大の目的だった。日本に対しても、キリスト教の布教を強く求めることはなく、貿易だけを求めてきた。

つまり、オランダは、キリスト教の布教をしなくても貿易をしてくれるというわけである。

家康はこの事情を知り、オランダとだけ貿易をすることにしたのだ。そして幕府が独占的にオランダと交易を行えば、貿易における旨みを幕府だけが享受することができる。

そのため、江戸時代を通じて、オランダが唯一の西洋文明の窓口となった。オランダからの文物を学ぶ「蘭学」は、日本の最先端の学問となったのである。

本願寺を東西に分裂させた家康の策略

家康は、天下人になってから仏教勢力の力を削ぐための工作も行っている。そして、結果的に家康のこの工作が、「日本では宗教がそれほど大きな力を持たない」ということにつながったのである。

家康が天下人になったとき、寺社の勢力はかなり衰えていた。比叡山延暦寺は信長に焼き討ちにされ、領土の多くを返還させられていた。また本願寺は秀吉に何度も本拠地の移転を命じられ、勢力をかなり減じられていた。

そこにさらに家康がダメ押しをするのである。

家康は、本願寺を東西の二つに分派させてしまったのだ。

その経緯は次の通りである。

浄土真宗（本願寺）というのは、親鸞の血筋を引く者が宗主《しゅうしゅ》になるというしきたりがあった。浄土真宗では妻帯が許されていたので、僧も子孫を残すことができた。そして宗主は、その地位を代々世襲にすることとなったのだ。本願寺の莫大な資産も、貴族や武家と同じように宗主家によって世襲されていったわけである。

文禄元（1592）年、第11代宗主の顕如《けんによ》が死んだとき、「お家騒動」が起きた。

一旦は、顕如の嫡男の教如《きょうにょ》が第12代宗主に就くことになったのだが、この顕如と教如の父子はそれまで仲が悪かった。だから、教如の宗主就任を快く思わない者も多数いたのだ。

その最たる者が、教如の母の如春《にょしゅん》である。

如春は、「顕如は三男の准如《じゅんにょ》を後継に指名していた」と言い出したのだ。

そして顕如が書いたとされる「譲渡状」を時の権力者である豊臣秀吉に提出し、教如の本願寺宗主就任は無効であると訴えたのだ。これにより本願寺は、教如派と准如派に分裂してしまった。

秀吉は、両者の代表を召喚して査問し、教如に対して「10年後に准如に宗主を譲ること」という裁定を下した。しかし教如派の中には、納得しない者もあった。これを見た秀吉は怒って、教如に対して「即座に宗主を譲れ」と命じた。

教如は宗主の座を追われることになったが、教如派は納得せず分裂状態が続くことになった。

そうこうしているうちに、秀吉が死去し関ヶ原の戦いが起こった。

隠居していた教如は、関ヶ原の戦いの直前に、江戸に家康を訪問し、家康への支持を表明していた。一方、本願寺宗主となった准如は西軍に加担していたという噂もあり、関ヶ原後には難しい立場に立たされた。

関ヶ原後の家康には、自分に敵対した噂のある准如を廃し、自分を支持してくれた教如に宗主を継がせるという手もあったはずだが、そうはしなかった。そこに家康の高度な戦略眼がある。

家康は、分裂状態にあった本願寺を、そのまま分裂させてしまおうと考えたのだ。

教如に本願寺の東側に寺社地を与えて新しい寺社をつくらせた。教如は、その新しい寺社の宗主となったのである。このときにつくられた寺社がいわゆる東本願寺なのである。

もとの本願寺をつぶさなかったところに、家康の高度な政治手腕が伺える。准如が宗主であろうと、教如が宗主であろうと、本願寺が強大な寺社グループであることには変わりない。が、准如と教如の双方に宗主を名乗らせ、本願寺を二つに分ければ本願寺の勢力は半分になる。

これまでの本願寺も、このときにつくられた寺社も、「自分たちこそ正当な本願寺である」と主張し、両寺の正式名称は二つとも本願寺である。

しかしそれではわかりにくいので、世間では、もとからある本願寺を西本願寺と呼び、その東側に新しくつくられた寺社を東本願寺と呼ぶようになったのだ。

ここに本願寺は東西に分裂したのである。

もちろん、本願寺や仏教の勢力は著しく減退することになった。

古代から現代まで、世界の国々では宗教が大きな経済力を持ち、政治的にも強い影響力を持つことが少なくなかった。しかし日本は、近代に入ってからは宗教が政治経済に及ぼす影響は非常に小さいものとなった。

それは、徳川家康の宗教政策によるものが大きいのである。

"徳川埋蔵金"の正体

家康は倹約家だったとされている。天下を取ってからも、食事は麦飯などの粗食を好み、冬でも足袋《たび》を履かず、親族や家臣の浪費を戒めたという。

また家康は、その財力を、後世のためにできうる限り残そうとした。

その最たるものが「大法馬金《だいほうまきん》」である。

「大法馬金」とは、幕府が蓄財していた金の分銅のことで、金の大判2000枚でつくられた二千枚分銅金である。一個あたり約300キロあった（150キロという説もあり）。

家康はこれを大量につくらせ、江戸期前半の万治年間には126個もあったという。大判1枚の金の含有量はだいたい165グラムなので、純金にして約42トンということになる。

現在、日本銀行が保有している金が、800トン前後である。今から400年前の戦国時代に42トンの金を保有していたということは、相当の財力だったといえるだろう。42トンの金を現在の時価相場に換算すると、約20兆円である。

この「大法馬金」には、「行軍守城用勿用尋常費」（戦費以外に用いるな、という意味）の文字が鋳込まれていた。つまりは家康は、自分の死後、徳川家を脅かす戦争が起きたときのために、この「大法馬金」を準備していたのである。

しかし、やはり江戸時代の太平が続く中で、家康の子孫たちも気が緩んだと見え、大きな戦争も起こっていないのに、大法馬金はどんどん減っていった。

天保年間（１８３０〜１８４４年）には26個になり、慶応年間（１８６５〜１８６８年）にはわずか1個に激減していた。せっかく、家康が軍資金のために用意していた大法馬金だが、幕末の徳川家存亡の危機のときには、大半がなくなっていたのだ。

そして、明治維新で西郷隆盛が江戸城を無血開城させたときには、そのなけなしの1個も消えていたという（最後の1個は、勝海舟が江戸城開城の前に運びだし、徳川家臣たちの生活のために使った）。

現在でもよく「徳川埋蔵金」が話題になるが、それも、かつて家康がそれほど巨額の金を貯めていたことが話の発端になっていると思われる。こんなにお金を持っていたのだから、徳川家はどこかに金を隠していても不思議ではない――ということである。

だが、大法馬金が減少していく経緯を見るにつけ、とても家康の子孫たちが大量の財宝を埋蔵しているとは思えない。幕末には、幕府はフランスなどから多額の借金をしており、とても莫大な資産を残す余裕はなかったはずだ。若干の金を隠したということはあったかもしれないが、それも高が知れている。徳川埋蔵金は、単なる伝説に過ぎないだろうと筆者は考えている。

「どんなにお金だけを残しても、子孫が安泰ということはない」

という見本のような話である。

あとがきに代えて

戦国時代に「日本経済の基本」ができた

現代の我々からしてみると戦国時代は、長い江戸時代のさらに〝向こう側〟にあるので、現実感のあまりない遠い昔の出来事のように感じてしまう。

だが、経済面から見るならば、戦国時代は決して〝遠い〟ものでも、また〝現代とまったく関係のない時代〟でもない。むしろ、**戦国時代に日本経済の基本ができた**とさえいえるのだ。

たとえば、金融制度。

戦国時代は、日本において〝近代的な金融制度〟が整備された時代でもあった。

本文ではあまり触れなかったが、戦国時代は、深刻なデフレの時代だった。これを裏返せば、戦国時代には一応、貨幣制度があったということでもある。

鎌倉時代から室町時代にかけて、宋から大量の銅銭が輸入され、それが日本で通貨として使用されるようになった(詳しくは拙著『お金の流れで読む日本の歴史』)。年貢でさえ、米ではなく、銅銭で納められていた時期もあったほどだ。だが中国が明の時代になると、銅銭の輸出を禁止するようになった。そのため日本の銅銭が不足し、必然的に銭不足、デフレの状態になったのだ。

当時の商取引では、米や布が使われるようになり、〝物々交換〟の社会に逆戻りしかけていたのである。そんな折に織田信長が中央政権に登場し、金・銀を通貨として使用しようとする大規模な通貨改革を行った。

そもそも戦国時代の日本では、まだ金・銀は貨幣として流通はしていなかった。金や銀は貴重品としての扱いは受けていたが、貨幣としての使用はされていなかったのだ。

これは世界的に見ても同様である。金や銀が、広く通貨として使用されるようになったのは、近代に入ってからのことであり、韓国などでは日清戦争時にもまだ銅銭が主な通貨だった。つまり、**「金・銀を通貨として使用する」ということは、当時の世界において最先端の金融技術だった**のである。

金・銀を通貨として使用すれば、銭不足（デフレ）は劇的に改善する。金・銀が高額通貨として流通すれば、銅銭の使用を大幅に減らすことができるからだ。

これには付随する効果もあった。それまで高額の取引をするためには、銅銭を大量に持ち歩かなければならなかったが、金銀が使用されるようになれば少量の金銀を持ち歩けばいいようになる。商業の発展にとって、いいことづくめなのである。

なぜ「金・銀を通貨にする」のが偉業なのか

だが、金・銀を通貨として流通させるためには、金貨、銀貨を大量に鋳造しなければならない。そのためには、金・銀を大量に確保する財力と、貨幣を鋳造する技術力がなければならない。信長以前の政権には、それがなかったために、金銀の貨幣使用ができなかったのだ。

ところが信長は、日本の名だたる金山、銀山を支配下に置き、また当時は採掘技術や鋳造技術が大幅に進歩していたためにそれが可能になったのである。

信長が鋳造した金貨・銀貨はまだ発見されていないが、信長が原始的な金貨・銀貨をつくっていたことは間違いないだろう。実際に安土城の遺跡などからは、それらしきものも見つかっている。

この、「金・銀を通貨として使用する」という新しい金融制度は、日本経済史においての輝かしい業績といえる。**幕末に開国したとき、日本がすぐに貿易大国となりえたのは、金銀の通貨制度がそれなりに整えられていたことが大きい。**日本には、金貨、銀貨があったので、諸外国も貿易がしやすかったのである。

日本の街づくりの基礎は信長・家康がつくった

また、現在の日本各地に見られる城下町も、戦国時代につくられたものである。地図をよくよく眺めていると、その〝痕跡《こんせき》〟が見て取れるだろう。

今の県庁所在地のほとんどは、旧城下町である。そして、県庁などの主要施設が、旧城周辺にあることにもお気づきだろうか。城下町は現在の日本の都市の骨組みになっているともいえるのだ。

この城下町という都市制度は、信長が始め、家康の時代に完成されたものである。

本文でも述べたように、信長は、清須、岐阜、安土などで大規模な城下町をつくり、それは、全国の戦国大名たちにとってのモデル都市となっている。

また家康も江戸を建設する際に、信長の手法を真似ている。楽市楽座の真似をして、諸役（諸税）を免除して商人や町人を集めた。そのため、江戸時代を通じて江戸の町人には税がほとんど課せられなかったのである。

いずれにせよ、今に息づく〝インフラ〟の一部が、戦国時代に形づくられはじめていたのである。

私たちの生活に残る「戦国時代」の名残り

さらに、戦国時代は我々の生活にも大きな影響を与えている。

たとえば、宗教への影響。

日本人は世界の人々に比べて、宗教に依存する度合いが非常に低い。世界の多くの地域で、宗教施設に日常的に通う文化があり、生活の中に宗教がしっかり根ざしている。だが、日本人には日常的に教会や寺社に通うような熱心な宗教徒は、あまりいない。

日本人の生活に、なぜ宗教が根ざしていないかというと、信長が仏教勢力を徹底的に弱め、秀吉、家康がキリスト教を禁教にしたことが最大の要因だといえる。

生活の中に宗教がないことには賛否両論があると思われるが、少なくとも日本では、近代に入って宗教戦争を起こしたことも、そして巻き込まれたこともない。現代の世界で、宗教の違いが発端となった戦争やテロが絶えないことを見たとき、日本はかなり幸運だともいえるのではないだろうか？

なにはともあれ、戦国時代は、現代の日本の経済や社会に大きな影響を与えているのである。経済面から眺めていくと、そうした歴史の側面が鮮やかに見えてくるものなのである。その面白さが、本書を通して読者諸氏に少しでも伝わっていれば、筆者としてこれ以上の喜びはない。

最後に、本書を企画、編集してくれたＫＡＤＯＫＡＷＡの間氏をはじめ、本書の制作に尽力いただいた皆様にこの場をお借りして御礼を申し上げます。

２０１６年　夏　　著者

文庫版あとがき

本書は2016年に出版された単行本『お金の流れで見る戦国時代』（KADOKAWA）を文庫化したものである。単行本はおかげさまで版を重ねることとなり、今回さらにPHP研究所より文庫化していただくことになった。

現代にも名を残している戦国武将たちは、実はいずれも経済のプロパーでもあった。本書では経済力が弱かったと述べている武田信玄も、「信長に比べて弱かった」というだけであって、ほかの武将たちに比べれば卓越した経済観を持っていた。

武田信玄は信長よりも先に「金の貨幣」の鋳造を開始しており、その貨幣制度は徳川家康が踏襲した。江戸時代、慶長小判1枚（4・75匁）の貨幣を「金一両」として定め、1両の四分の一を「1分」、1分の四分の一を「1朱」とする4進法となっていたが、これはもともとは信玄がつくった制度なのである。

また豊臣家の重臣同士でライバルだった石田三成と加藤清正も、実は豊臣家の会計官だったのである。石田三成はともかく武闘派と称される加藤清正が会計官だっことはあまり知られていない。が、加藤清正の官職名は「主計頭」だった。これは清正が、豊臣家の蔵入れ地の代官などを歴任していたことから拝命したものだった

彼らに限らず、戦国時代の名だたる武将というのは、たいてい経済に関しても強者だった。武力がものを言った戦国時代であっても「お金に強くないものはのし上がることができない」ということなのである。

それは現代社会にも通用する定理のように思われる。というより、人類史に共通する定理だといえるだろう。歴史に名を残す偉人、政治家などはみな、お金に強かった。「お金のことがわかっていないと大きな仕事はできない」ということだ。

現代に生きる我々も肝に銘じておきたいところである。

最後に、本書の制作、文庫化に尽力していただいた皆様に、この場をお借りして御礼を申し上げます。

２０２１年　初夏　　著者

参考文献

『信長公記』太田牛一原著・榊山潤訳、ニュートンプレス／『日本史』ルイス・フロイス著・柳谷武夫訳、平凡社（東洋文庫）／『イエズス会日本年報（上・下巻）』村上直次郎訳・柳谷武夫編、雄松堂出版／『甲陽軍鑑』佐藤正英訳、ちくま学芸文庫／『徳川氏の研究　戦国大名論集12』小和田哲男編、吉川弘文館／『長宗我部氏の研究　戦国大名論集15』秋沢繁ほか編、吉川弘文館／『島津氏の研究　戦国大名論集16』福島金治編、吉川弘文館／『織田政権の研究　戦国大名論集17』藤本久志編、吉川弘文館／『戦国の地域国家』有光友學編、吉川弘文館／『天下統一から鎖国へ』堀新、吉川弘文館／『戦国大名と一揆』池享、吉川弘文館／『戦国大名の兵粮事情』久保健一郎、吉川弘文館／『流通経済史』桜井英治・中西聡編、山川出版社／『知多半島郷土史往来　第4号』西まさるほか著、はんだ郷土史研究会／『近江から日本史を読み直す』今谷明、講談社現代新書／『湖の国の中世史』高橋昌明、平凡社／『織田信長合戦全録』谷口克広、中公新書／『戦国大名』黒田基樹、平凡社新書／『日本生活文化史4』松本新八郎ほか編、河出書房新社／『日本生活文化史5』原田伴彦ほか編、河出書房新社／『日本史小百科「貨幣」』瀧澤武雄・西脇康編、東京堂出版／『日本史小百科「租税」』佐藤和彦編、東京堂出版／『畿内・近国の戦国合戦』福島克彦、吉川弘文館／『織田家の人びと』小和田哲男、河出書房新社／『信長とは何か』小島道裕、講談社／『織田信長』西ヶ谷恭弘、ナツメ社／『近世城郭の研究』加藤隆、近世日本城郭研究所／『天下統一と城』千田嘉博・小島道裕編、塙書房／『安土・信長の城と城下町』滋賀県教育委員会編著、サンライズ出版／『安土城再見』兵頭与一郎、西田書店／『戦国城下町の研究』小和田哲男、清文堂／『織田信長』脇田修、中公新書／『桶狭間の真実』太田満明、KKベストセラーズ／『信長・徹底分析17章』小和田哲男、KTC中央出版／『今川義元』小和田哲男、ミネルヴァ書房／『三河物語　葉隠　日本思想体系26』岩波書店／『月刊　文化財　平成元年9月号「清須城とその城下町」』梅本博志、第一法規／『信長の城』千田嘉博、岩波新書／『楽市論』安野眞幸、法政大学出版局／『織豊期検地と石高の研究』木越隆三、桂書房／『戦国・織豊期の都市と地域』小島道裕、青史出版／『信長の城下町』仁木宏、松尾信裕編、高志書院（「安土山と安土山下町」木戸雅寿）／『中世人の生活世界』勝俣鎮夫編、山川出版社／『戦国期の政治経済構造』永原慶二、岩波書店／『中世日本商業史の研究』豊田武、岩波書店／『戦国織豊期の貨幣と石高制』本多博之、吉川弘文館／『日本中世貨幣史論』高木久史、校倉書房／『貨幣と鉱山』小葉田淳、思文閣出版／『中近世日本貨幣流通史』浦長瀬隆、勁草書房／『天王寺屋会記』津田宗及ほか、淡交社／『宋銭の世界』伊原弘編、勉誠出版／『国民生活史研究2』伊東多三郎編、吉川弘文館／『中世後期の寺社と経済』鍛代敏雄、思文閣出版／『寺社勢力の中世』伊藤正敏、ちくま新書／『中世の寺社勢力と境内都市』伊藤正敏、吉川弘文館／『講座日本荘園史4』池上裕子、吉川弘文館／『戦国時代の荘園制と村落』稲葉継陽、校倉書房／『信長が見た戦国京都』河内将芳、洋泉社／『寺社勢力』黒田俊雄、岩波新書／『織田信長石山本願寺合戦全史』武田鏡村、ベスト新書／『戦国の村の日々』水藤真、東京堂出版／『信長の天下所司代』谷口克広、中公新書／『堺鉄砲』堺市博物館／『鉄砲伝来の日本史』宇田川武久編、吉川弘文館／『火縄銃・大筒・騎馬・鉄甲船の威力』桐野作人、新人物往来社／『日本中世の流通と対外関係』佐々木銀弥、吉川弘文館／『南蛮船貿易史』外山卯三郎、大空社／『堺と博多』泉澄一、創元社／『沈没船が教える世界史』ランドール・ササキ、メディアファクトリー新書／『金銀貿易史の研究』小葉田淳、法政大学出版局／『越境する貨幣』歴史学研究会編、青木書店／『海外貿易から読む戦国時代』武光誠、ＰＨＰ新書／『信長と十字架』立花京子、集英社新書／『天下一統　日本の歴史12』林屋辰三郎、中央公論社／『百姓から見た戦国大名』黒田基樹、ちくま新書／『戦国・織豊期の徳政』下村信博、吉川弘文館／『東国の戦国争乱と織豊権力』池享、吉川弘文館／『風林火山の帝王学　武田信玄』新田次郎、堺屋太一ほか著、プレジデント社／『武田信玄合戦録』柴辻俊六、角川選書／『上杉謙信』花ヶ前盛明、新人物往来社／『長宗我部元親』山本大、吉川弘文館／『戦国大名の日常生活』笹本正治、講談社／『雑兵たちの戦場』藤木久志、朝日新聞社／『毛利氏の研究』藤木久志編、吉川弘文館／『毛利元就のすべて』河合正治、新人物往来社／『村上水軍全史』森本繁、新人物往来社／『上杉謙信のすべて』渡辺慶一、新人物往来社／『上杉景勝のすべて』花ヶ前盛明編、新人物往来社

著者紹介
大村大次郎（おおむら　おおじろう）
元国税調査官。国税局に10年間、主に法人税担当調査官として勤務。退職後、ビジネス関連を中心としたフリーライターとなる。単行本執筆、雑誌寄稿、ラジオ出演、『マルサ!!』（フジテレビ系）や『ナサケの女』（テレビ朝日系）の監修等で活躍している。ベストセラーとなった『あらゆる領収書は経費で落とせる』（中公新書ラクレ）をはじめ、税金・会計関連の著書多数。一方、学生のころよりお金や経済の歴史を研究し、別のペンネームでこれまでに30冊を超える著作を発表している。お金や経済の歴史に関連する著作に、『お金の流れでわかる世界の歴史』『お金の流れで読む日本の歴史』（以上、KADOKAWA）、『お金で読み解く明治維新』（ビジネス社）、『脱税の世界史』（宝島社）、『信長の経済戦略』『家康の経営戦略』（以上、秀和システム）、『会計の日本史』（清談社Publico）、『「土地と財産」で読み解く日本史』（PHP研究所）などがある。

本書は、2016年9月にKADOKAWAから刊行された作品を、加筆・修正したものです。

ＰＨＰ文庫　お金の流れで見る戦国時代

2021年８月13日　第１版第１刷

著　者　大村大次郎
発行者　後藤淳一
発行所　株式会社ＰＨＰ研究所
東京本部　〒135-8137 江東区豊洲5-6-52
PHP文庫出版部　☎03-3520-9617(編集)
普及部　☎03-3520-9630(販売)
京都本部　〒601-8411 京都市南区西九条北ノ内町11
PHP INTERFACE　https://www.php.co.jp/
組　版　有限会社エヴリ・シンク
印刷所
製本所　図書印刷株式会社

ISBN978-4-569-90145-9

PHP文庫

学校では教えてくれない戦国史の授業

井沢元彦 著

戦国時代の始まりは足利義教の暗殺から？
日本で地名を変えたのは信長が最初？――
戦国時代の本当のすごさは教科書ではわからない！

PHP文庫

最強の教訓！ 日本史

河合 敦 著

日本史に登場する偉人たち21名の生き方を臨場感をもって描く。成功するため、よく生き抜くための教訓を、わかりやすく紹介する。

PHP文庫

戦国時代の大誤解

鈴木眞哉　著

「北条早雲」という人物はいなかった？　武田の騎馬隊も、信長の三段撃ちも存在しなかった？　あなたの〈歴史常識〉を試す戦国の新常識。

PHP文庫

日本史の謎は「地形」で解ける

竹村公太郎 著

なぜ頼朝は狭く小さな鎌倉に幕府を開いたか、なぜ信長は比叡山を焼き討ちしたか……日本史の謎を「地形」という切り口から解き明かす!

PHP文庫

「戦国大名」失敗の研究

政治力の差が明暗を分けた

瀧澤 中 著

「敗れるはずのない者」がなぜ敗れたのか？　強大な戦国大名の〝政治力〟が失われる過程から、リーダーが犯しがちな失敗の本質を学ぶ！

PHP文庫

「関ヶ原合戦」の不都合な真実

安藤優一郎　著

大誤算だった家康の小山評定、自領拡大に野心満々の毛利家……。「予定調和」のストーリーで語られがちな関ヶ原合戦の真の実像に迫る！

PHP文庫

明智光秀と本能寺の変

小和田哲男 著

明智光秀とは何者だったのか？　本能寺の変の真相とは？　研究の第一人者が、戦国時代で最も謎に包まれた人物と事件の真相に迫った決定版。